Friedrich Julius Rosenbach

Mikro-Organismen bei den Wund-Infektions-Krankheiten des Menschen

Friedrich Julius Rosenbach

Mikro-Organismen bei den Wund-Infektions-Krankheiten des Menschen

ISBN/EAN: 9783743343306

Hergestellt in Europa, USA, Kanada, Australien, Japan

Cover: Foto ©berggeist007 / pixelio.de

Manufactured and distributed by brebook publishing software
(www.brebook.com)

Friedrich Julius Rosenbach

Mikro-Organismen bei den Wund-Infektions-Krankheiten des

Menschen

BEI DEN

WUND-INFECTIONS-KRANKHEITEN

DES MENSCHEN.

MIKRO-ORGANISMEN

BEI DEN

WUND-INFECTIONS-KRANKHEITEN

DES MENSCHEN.

—◇◇◇—

VON

DR. FRIEDR. JUL. ROSENBACH

AUSSERORD. PROFESSOR UND ASSISTENZARZT FÜR DIE CHIRURGISCHE POLIKLINIK
IN GÖTTINGEN.

MIT FÜNF TAFELN.

WIESBADEN.

VERLAG VON J. F. BERGMANN.

1884.

Druck der Thein'schen Druckerei (Stürtz),

HERRN

GEHEIMRATH PROFESSOR

DR. FRANZ KÖNIG

IN

DANKBARER VEREHRUNG

ZUGEEIGNET.

Inhaltsverzeichniss.

Die vorliegende Monographie hat den Zweck, im Lauf der Zeit gesammelte Beobachtungen mitzutheilen und dadurch zur Orientirung über die Mikroorganismen, welche bei menschlichen Wundinfektionskrankheiten beobachtet werden und zu ihnen in ätiologischer Beziehung stehen, einen Beitrag zu liefern. Leider war es mir nicht immer vergönnt, dieselben vollständig experimentell auszubeuten und abzuschliessen. Es sind namentlich die Thierexperimente nicht stets derartig abgeschlossen, wie ich es wohl gewünscht hätte. Die antiseptische Verantwortung, welche die chirurgische Praxis auferlegt, musste mich bisweilen veranlassen, wo sonst die Gelegenheit geboten gewesen wäre, von denselben abzustehen.

Wenn ich dennoch diese Beobachtungen veröffentliche, so geschieht das in der Ansicht, dass sie für eine Orientirung von Werth seien. Ich möchte glauben, dass gerade die bei den nicht specifischen menschlichen Wundkrankheiten vorkommenden Mikroorganismen nur Wenigen bekannt sind. Hat man doch einzelne derselben, deren Vorkommen ein sehr allgemeines ist, für specifische nirgends anders vorkommende Erreger typischer Krankheiten angesprochen. Ohne also irgendwie einen Anspruch erheben zu wollen, im Folgenden eine abgeschlossene Darstellung der bei den menschlichen Wundinfektionskrankheiten in Frage kommenden Mikroorganismen zu geben, glaube ich, dass gerade jetzt die Mittheilung von orientirenden Beobachtungen, welche sich über drei Jahre erstrecken, von Interesse sein kann. Die Literatur habe ich soweit in Betracht gezogen, als ich dem Leser schuldig zu sein glaubte, den Zusammenhang zwischen den mitzutheilenden Beobachtungen und den wesentlichen Arbeiten früherer Beobachter herstellen zu müssen.

Göttingen, 25. März 1884.

Friedrich Julius Rosenbach.

EINLEITUNG.

R. Koch hat in seinen „Untersuchungen über die Aetiologie der Wundinfectionskrankheiten" eine **Anzahl** solcher bei Thieren kennen gelehrt, welche mit den chirurgischen Infectionskrankheiten des Menschen **zum** Theil unverkennbare Aehnlichkeit haben. Die Krankheiten, welche Koch **bei** Thieren experimentell erzeugte, unterscheiden sich von denen früherer Experimentatoren **sehr** wesentlich **und** zwar zunächst dadurch, dass sie in typischer **Weise** verlaufen, **sich** durch regelmässig wiederkehrende **bestimmte Symptome als** Krankheit sui generis ausweisen. **Ferner hat K.** durch ganz neue Hilfsmittel **den** Beweis geliefert, **dass** eine jede dieser Krankheiten durch **ein** bestimmtes Mikrobion bedingt wird, welches, mag es nun **von** Thier zu Thier überimpft oder durch **eine** beliebige Anzahl von Generationen auf einen todten Nährboden gezüchtet, **von** diesem **wieder** auf das Thier übertragen werden, immer wieder dieselbe Krankheit mit Sicherheit erzeugt. So lernten wir eine Mäusesepsis, eine progressive Gewebsnekrose bei Mäusen, eine progressive Abscessbildung bei Kaninchen, eine Pyämie, eine Septicämie, **auch** bei Kaninchen kennen, und sahen wie eine jede dieser Krankheiten durch ein bestimmtes Mikrobion bedingt wird. Später kam dazu die Entdeckung der Bakteriensepsis bei Kaninchen, Mäusen, Vögeln etc., des malignen Oedems u. s. w.

Doch nur erinnern, nicht eingehen wollte ich auf die weittragen-
den Entdeckungen K.'s und seiner Schüler an diesem Platze;
sie haben die ihnen gebührende Beachtung und Würdigung in
weitesten Kreisen gefunden und sind bei jedem meiner Leser
als vollbekannt vorauszusetzen. Ich möchte auch glauben, dass
es vielleicht bei der ersten Lektüre von K.'s Untersuchung dem
Leser ähnlich erging wie mir, nämlich, dass er sich sagte, es
dürfe nun wohl nur noch eine Frage der Zeit sein, dass auch
die chirurgischen Infectionskrankheiten des Menschen ihrem
Wesen und ihrer Aetiologie nach in ähnlicher Weise durch-
forscht sein werden, wie dies K. in den genannten Untersuchungen beim Thier gethan hatte.

In der That ist schon bei einer Anzahl menschlicher
chirurgischer Infektionskrankheiten dieses Problem gelöst worden.
Beim Erysipel, der Gonorrhöe, dem Rotz u. A. hat man die
nosogenen Mikrobien entdeckt. K. hat durch die für die ge-
sammte, besonders aber für die innere Medicin umgestaltende
Entdeckung des Tuberkelbacillus, auch für die chirurgischen,
chronischen Infectionserkrankungen, welche tagtäglich die Kliniker
beschäftigen, das pathogene Mikrobion kennen gelehrt: Aber
gerade bei derjenigen Klasse von Wundkrankheiten, welche
weniger specifischen Charakter zeigen und überall ihren Infectionsstoff finden, ich meine die Eiterung, Phlegmone, Sepsis,
Pyämie etc., sind die Untersuchungen nicht in der Weise abgeschlossen, wiewohl wir auch hier, namentlich durch sehr gute
Beobachtungen aus England, wesentliche Fortschritte in der
Orientierung gemacht haben.

I. Methode bei der Untersuchung über die Ätiologie der chirurgischen Infectionskrankheiten des Menschen.

Habe ich vorher die Analogie der von K o c h experimentell bei Thieren erzeugten Wundinfectionskrankheiten mit denen beim Menschen betont, so ist das selbstverständlich nur in Bezug auf die Symptome geschehen. Aetiologisch dürfte man vielmehr von vornherein auf fundamentelle Verschiedenheiten um so mehr rechnen, als auch bei den verschiedenen Thiergattungen die analogen Krankheiten durch ganz verschiedene Mikrobien hervorgerufen werden. Der Bacillus der Mäusesepsis z. B. ist von dem Mikrobion, welches bei Kaninchen Sepsis erzeugt, gänzlich verschieden und kann, wenn Kaninchen eingeimpft, Sepsis durchaus nicht erzeugen. Die beim Thier gewonnenen Resultate können also weder direkt noch als indirekte Schlussfolgerungen auf die Verhältnisse beim Menschen übertragen werden. Es handelt sich daher nur um die Frage Können wir die Methoden, durch die es K. gelang, seinen Thierexperimenten eine so exacte Beweiskraft zu verleihen, auch beim Menschen in Anwendung bringen? Ich glaube, es ist zweckmässig, im Voraus zu betrachten, wie weit dies möglich oder nicht möglich ist, damit von vornherein die Anforderungen, welche man an die Resultate solcher Untersuchungen zu stellen berechtigt ist, festgestellt werden. Die Versuchsanordnung, welche zur Erforschung einer Wundinfectionskrankheit auch von früheren Experimentatoren schon angestrebt, von K. aber erst in exacter Weise durchgeführt ist, besteht bekanntlich darin, dass zuerst das nosogene Mikrobion in dem erkrankten Körper in einer Menge und einer Vertheilung nachgewiesen wird, welche die Krankheitserscheinungen erklärlich machen. Ferner ist die Aufgabe, das Mikrobion ausserhalb des Körpers auf einem todten, festen Nährboden rein zu züchten und hierbei seine charakte-

1*

ristischen Merkmale festzustellen. Nachdem endlich die Reinzucht in so viel Generationen fortgesetzt ist, dass der letzten
von dem ursprünglichen Uebertragungsmaterial nichts mehr an-
haften kann, ist durch Rückübertragung dieser letzten Cultur
auf den lebenden Körper die Krankheit wieder zu erzeugen.
Die ersten beiden Forderungen sind beim Menschen gerade so
gut wie beim Thier zu erfüllen. Die Rückübertragung ist beim
Menschen allerdings auch ausnahmsweise gemacht worden, so
beim Erysipel, der Gonorrhoë, aber im Allgemeinen wird gerade
dieses Glied aus der Kette der Untersuchungen ausfallen müssen.
Trotzdem verliert das Experiment an Beweiskraft nichts, wenn
die Krankheit auch auf Thiere übertragbar ist, wie es z. B. bei
der Tuberkulose und auch beim Erisypel der Fall ist; selbst
dann, wenn die Thiere vielleicht nur in abortiver aber
doch noch charakteristischer Weise erkranken sollten. Wo
allerdings eine erfolgreiche Rückübertragung des gezüchteten Mikrobions ganz fehlt, da fehlt auch die eigentliche
Probe auf das Exempel. Und leider werden wir sehen, dass
man gerade bei der menschlichen Sepsis und Pyämie, besonders bei den Formen, in welchen sich nach einer minimen Ein-
impfung eine schwere Allgemeininfection herausbildete, auf diese
Schwierigkeit stossen. Doch, wenn wir sehen, wie die so
äusserst infectiöse Bacillensepsis bei Mäusen sich nur auf die
Hausmaus erstreckt, während selbst die Feldmäuse immun sind,
wie sollen wir da erwarten können, dass ähnliche Erkrankungen
beim Menschen auf irgend eine Thiergattung müssten übertragen werden können; wenn auch die Möglichkeit nicht ausgeschlossen ist! Damit aber diesen Weg der Forschung für
die menschlichen Wundkrankheiten zu verwerfen, hiesse denn
doch: das Kind mit dem Bade ausschütten. Selbst die einfache Beobachtung eines besonderen Mikroorganismus bei einer
Infectionskrankheit kann den Werth eines anderen pathologischen
Befundes ohne Weiteres beanspruchen. Eine constante Coin-

cidenz ist schon ein wichtiges Moment **für** einen mehr directen oder indirecten ätiologischen Zusammenhang mit der Krankheit. Natürlich kann **unter solchen** Umständen der sichere Nachweis eines solchen **nur durch** ausgedehnte, klinisch - pathologische **Erfahrung** geliefert werden. Schon auf solcher **Basis** allein dürfte allmählich ein Ersatz für den fehlenden Abschluss des einmaligen, beweisenden Experimentes heranwachsen. Allerdings ist es hierzu nöthig, **die Beobachtungen des Mikrobions in dem erkrankten Körper so anzustellen, dass grobe Irrthümer** nicht unterlaufen können, **dass** nicht zufällig namentlich post **mortem** eingedrungene, beliebige Mikroorganismen als **die nosogenen** aufgestellt werden. Wo es aber möglich wird, schon beim lebenden **Menschen mit** Ausschluss aller äusseren Verunreinigungen **aus den** Herden im Innern und aus den befallenen **bis** dahin uneröffneten Geweben **direct das** Material zur Untersuchung **auf** Mikrobien zu nehmen, sei es für mikroskopische Untersuchung, sei es für Züchtungsversuche, da steigt die Bedeutung des Befundes in der Weise, dass nicht mehr bloss die statistische Anzahl der Befunde desselben Mikrobions für eine bestimmte Krankheit, sondern schon der einzelne gut beobachtete **Fall** von Wichtigkeit ist. Nun bietet jetzt die chirurgische Praxis, indem sie unter aseptischen Cautelen, welche zufällige Verunreinigung **durch** Mikrobion von aussen ausschliessen, **nicht** selten zu tiefen, **bis** dahin uneröffneten Infectionsherden — Metastasen — curativ eindringt, Gelegenheit **zu** solchen Beobachtungen. Diese habe **ich bei** einer Anzahl von Fällen benutzt, und daraus die mitzutheilenden Resultate gewonnen. Gerade **mit** Rücksicht auf das Gesagte habe ich geglaubt, auch die Krankheitsgeschichten der betreffenden Fälle, soweit sie sich auf die Infectionskrankheit beziehen, im Detail mittheilen zu **müssen, da** sonst eine Controle unmöglich ist. Was ferner die Mittheilungen über die Mikrobien betrifft, so muss man verlangen, dass sowohl die mikroskopischen Formen, als besonders

die Reinculturen soweit charakteristisch beschrieben und kenntlich dargestellt werden, dass eine sichere Vergleichung dessen,
was die Beobachter verschiedener Plätze unter Händen haben,
möglich wird. Ich will nicht sagen, dass dieses leicht sei, sondern glaube im Gegentheil, dass es wohl noch eine Zeit dauern
wird, ehe die Sicherheit in den Reinkultur-Methoden der ent-
nommenen Infektionsstoffe, ferner das Mikrophotographiren nach
Koch's Vorgang etc. etc., besonders aber auch die Kenntniss
der gewöhnlichen unter normalen und pathologischen Verhältnissen auftretenden Pilze, so weit zum Allgemeingut geworden
ist, dass diese Art der Forschung ganz allgemein eine sichere
Basis bekommt. Ich habe in Bezug auf die Wiedergabe meiner
Beobachtungen auch nicht die Mittel anwenden können, die
der von Koch erreichten Höhe entsprechen, namentlich die
Mikrophotographie, sondern habe versucht, meine Culturen und
meine mikroskopischen Präparate durch Herrn Peters wieder-
geben zu lassen, dessen Kunst als Maler wie auch als mikroskopischer Zeichner gleich geschätzt ist. Er hat die mikroskopischen Präparate mit Hilfe des Winkel'schen Zeichenapparates
gezeichnet, welcher das mikroskopische Bild mit voller Deut-
lichkeit auf das Zeichenpapier projicirt, so dass es möglich wurde,
die Grössenverhältnisse der Mikrobien auf diese Weise, wenn
auch nicht so exakt wie durch die Photographie, aber doch mit
hinreichender Sicherheit wiederzugeben.

II. Eiter- und Abscessbildung.

Die Thatsache, dass Eiterung fast nur dann zu Verletzungen hinzutritt, wenn die Continuität der Haut oder Schleimhaut getrennt ist, hat schon zu verschiedenen Epochen in Form
verschiedener Lehren und Satzungen dazu getrieben, die Eiterung auf Schädlichkeiten, welche von aussen eindringen, zurück-

zuführen, mochte man nun den Sauerstoff, mochte man die Eintrocknung, oder mochte man andere Dinge beschuldigen. Auch die Ansicht, dass die Eiterung auf Infection mit Mikrobien beruhe, ist namentlich durch Hüter's Entzündungslehre schon seit vielen Jahren energisch vertreten. Aber erst neuerdings hat die Lehre über Eiter- und Abscessbildung eine bestimmte Form angenommen. Auf der einen Seite musste die Praxis der antiseptischen Wundbehandlung, je mehr sie sich in den Händen der einzelnen Chirurgen vervollkommnete und sicherer wurde, nothwendig zu der Einsicht führen, dass die Wunden, selbst die schlimmsten, zerfetztesten mit Knochenzertrümmerung, Eröffnung seröser Höhlen etc., falls nur die antiseptische Behandlung einschlug (wenn auch eine bestimmte Entzündung mit Schwellung eintrat) doch ohne Eiterung oder gar Phlegmone heilten. Da drängte sich der Schluss mit zwingender Nothwendigkeit auf, dass Eiterung und Phlegmone lediglich Folge der Infection sein müsse. Während diese Grundsätze in den Kliniken reiften, wurde dasselbe Problem auch von experimenteller Seite in Angriff genommen. In einer Experimental-Arbeit über die acute, eiterige Osteomyelitis habe ich auf Grund von Untersuchungen am Knochenmark den Grundsatz im Allgemeinen aufstellen können, dass eine jede spontane, zu Wunden sich hinzugesellende, eiterbildende Phlegmone, ja eine jede bei einer Wunde über den zur Reparation nothwendigen Grad hinaus gehende Entzündung durch eingedrungene Fermente (Mikro-Organismen) bedingt sei. Abgesehen ist dabei von einer seltenen Möglichkeit, welche sich durch das Experiment ergab, dass nämlich gewisse chemische, entzündungerregende Gifte, z. B. Terpentin-, Crotonöl etc. auf die Gewebe eingewirkt haben, denn diese machen allerdings auch Phlegmone und Eiterung. Ich habe geglaubt, dass die Versuche am Knochenmark am ehesten zur Begründung des obigen allgemeinen Satzes beitragen könnten, weil hier die äusseren Einflüsse, das Eindringen von Entzündungser-

regern durch die Haut am wenigsten in Frage kommen konnte. Ich
habe damals gezeigt, dass weder die Wirkung mechanischer
Insulte, der Erschütterung, Quetschung, der mechanischen
Zertrümmerung des Markes, auch nicht die physikalischer
Einflüsse, z. B. die der Glühhitze, des electrotischen Stromes,
ferner auch nicht die Einwirkung kaustisch-chemischer Agentien,
wie starke Mineralsäuren, kaustische Alkalien, eine eitrige
Phlegmone des Knochenmarks hervorrufen können. Dagegen
habe ich eine solche durch Crotonöl, also durch ein entzündliches
Gift sofort erzielen können. Vor Allem aber ergab im
Gegensatz zu den mechanischen, physikalischen und einfach
ätzenden Agentien das Experiment, dass das Knochenmark
gegen infectiöse Stoffe, ranzige Butter, Faulstoffe, mit einer
purulenten, phlegmonösen, bis septisch-brandigen Entzündung
reagirte.

Diese Resultate haben durch die unmittelbar folgenden
Untersuchungen Kocher's ihre Bestätigung gefunden. Später
hat Uskoff Experimente veröffentlicht, die mit ihnen im Widerspruch stehen. Injectionen von ganz indifferenten Flüssigkeiten
— destillirtes Wasser, Milch, Olivenöl — sah er, wenn in
grösseren Mengen und öfters injicirt, Entzündung und Eiterung
hervorrufen. Dabei wurden indess fast stets niedere Organismen
aufgefunden. Schon dieser Befund genügt, wie Ogston sehr
mit Recht hervorhebt, Uskoff's Schlüsse anzufechten. Bei
der Wichtigkeit der Prüfung einer so principiellen Frage habe
ich seiner Zeit Dr. Orthmann veranlasst, diese Versuche zu
wiederholen. Es stellte sich heraus, dass es eben Uskoff
nicht gelungen war, die Infectionskeime bei seinen Experimenten
ganz auszuschliessen. Es gelang Orthmann, dieselben indifferenten Flüssigkeiten in denselben, ja in grösseren Mengen
und auch in denselben Zwischenräumen hintereinander zu injiciren, ohne dass Spuren von Eiterung auftraten, während
entzündungserregende Stoffe — Terpentinöl, Quecksilber —

solche ohne alle Betheiligung niederer Organismen bewirkten.
Diese Resultate hat **kürzlich Councilman**[1]) bestätigt.

Er bediente sich einer anderen Versuchsanordnung, weil ihm die Orthmann's
keine absolute Garantie für den Ausschluss der Mikroorganismen zu bieten schien,
namentlich findet er im Gebrauch der Stichkanüle, bei deren Herausziehen dann
der Stichkanal verletzt werde, einen Fehler und führt desshalb Croton- und Olivenöl
enthaltende Glaskapseln in das Gewebe, um sie nach völligem Einheilen **zu zer-
brechen.** Jedenfalls ist Councilman's Bestätigung **unserer** Resultate **freund-
lichster Dank zu zollen.** Nur können wir **in** seiner Versuchsanordnung eine Verbes-
serung nicht erblicken. Jeder Chirurg weiss einmal, dass **er** sich auf eine desinficirte
Stichkanüle bei **desinficirter Haut und nachfolgendem Lister mehr als auf alles**
Andere verlassen kann; **ferner, dass ein eingeheilter Fremdkörper**, trotzdem **er**
mehr oder weniger Infectionskeime an sich trägt, lange Zeit, Jahrzehnte und länger,
sich **im Körper wie ein vollkommen** aseptischer verhalten **kann, um** dann bei
einer **Gelegenheit eine Infection von sich ausgehen zu lassen.** Eingeheilte Kugeln,
alte ostermyelitische Sequester u. s. w. beweisen dies zur Genüge. Aehnlich dürfte
sich eventuell eine solche eingeheilte Glaskapsel verhalten können. Uebrigens habe
ich auch an dem Stichkanal niemals eine Eiterung oder Phlegmone gefunden.

Indess glaube ich, dass die Erregung von Phlegmonen
und Eiterungen durch solche irritirende Gifte mehr von theo-
retischem Interesse sein dürften, **da fast alle** klinisch zur
Beobachtung kommenden **Phlegmonen und** Eiterungen durch
Infection von Mikroorganismen **zu Stande** kommen. Nach
Terpentinpflastern, nach Einwirkung von **Phosphor** etc. beobachtet
man ja ab und **an** einmal **dergleichen. Ich sah auch einmal
bei** einem Dienstmädchen **eine intensive Phlegmone am** Vorderarm in **der** Umgebung **einer** fistelähnlichen Oeffnung; nach
Spaltung eines subkutanen **Ganges** zog ich ein bohnengrosses
Stück Cantharidenpflaster heraus. Doch das sind Curiosa, die
nur einmal erwähnt zu werden brauchen. Im Allgemeinen
kann man also mit vollem Recht **nach** diesen Untersuchungen
sagen, dass Phlegmone, Eiter- und Abscessbildung, chirurgische
Infectionskrankheiten sein müssen. Es ist auch schon lange

[1]) Virchow's Archiv für pathol. Anatomie, Band 92, Heft 2, Seite 217.

nach den Mikrobien in geschlossenen Abscessen gesucht worden, und wenn die älteren Beobachter solche trotz aller Sorgfalt zum Theil nicht auffinden konnten, so kann uns das nicht wundern, weil die nothwendigen optischen Hülfsmittel fehlten. Erst durch K o c h 's Färbungs- und Beleuchtungsmethoden und auch durch Benutzung der Oel-Immersionssysteme ist eine Erkennung gerade dieser Mikrobien möglich geworden. Alle neueren Beobachter, K o c h, O g s t o n und Andere betonen einstimmig die Nothwendigkeit dieser Systeme, die allein die ungeheuer kleinen und schwer sichtbaren Formen der hier in Betracht kommenden Mikroorganismen mit völliger Sicherheit erkennen lassen. Fragen wir nun nach den Resultaten, welche die mit besseren Hülfsmitteln unternommenen Arbeiten über die Mikrobien bei Phlegmonen, Abscessen und Eiterungen ergeben haben, so ist die Literatur darüber noch keine sehr ausgedehnte. P a s t e u r sehen wir im Jahr 1878 und später in Bezug auf die Eiterbildung auf einem ganz anderen Standpunkte stehen als der soeben charakterisirte, von mir seit dem Jahr 1877 verfochtene. Er hält nämlich eine Infection für die Eiterbildung nicht für nothwendig und glaubt, dass beliebige feste Körper, z. B. Kohle-Partikelchen, Leinwandfasern als solche Eiterungen veranlassen können. Auch glaubt er, dass reiner Eiter leicht und prompt vom Körper resorbirt wird. Doch gelang es ihm auch, ein Mikrobion aufzufinden, welches durch sein Eindringen in die Gewebe Eiterung veranlasste. Er [1]) kultivirte dieses „microbe du pus" aus dem Leitungswasser seines Laboratoriums, als ein zu gleicher Zeit aërobes und anaërobes Wesen, welches unter letzterer Bedingung eine gewisse Fermentation mit Kohlensäure-Entwicklung veranlasst. Es hat die Gestalt sehr kurzer Würstchen, welche sich lebhaft bewegen. Unter die Haut injicirt, bewirkte es bei Meerschweinchen und Kaninchen grosse Abscesse,

---

[1]) Bulletin de l'Acad. de Med. 2. Sér. Tome 7. 1878, p. 447.

führte auch eventuell zu metastatischen Herden und zu tödtlicher, purulenter Infection. Pasteur unterscheidet dasselbe von dem Furunkel- und Osteomyelitiscoccus, sowie auch von dem microbe en chapelet, welchem Letzteren er ausdrücklich die Eigenschaft, Eiterungen zu bilden, abspricht. Ohne Kultur auf festem Nährboden dürfte es schwer zu entscheiden sein, was für ein Organismus das Pasteur'sche Microbe pyogénique eigentlich ist. Da er dasselbe aus Wasser züchtete und bei Thieren seine Eiter bildenden Eigenschaften constatirte, dürfte es möglicher Weise mit den klinisch beim Menschen in Frage kommenden Organismen nichts zu thun haben. Uebrigens passt seine Beschreibung auf das in meinem ersten Falle gefundene Mikrobion, und ich kann auch hinzufügen, dass ich ganz ähnliche Formen mikroskopisch in offenen Eiterungen sah. Doléris[1] äussert, dass er sich Pasteur anschliesse[2], indem er den Micrococcus sous forme de couples — le point double — als eigentliches, wirkliches élément pyrogénique annimmt. Er sieht also in den Würstchen Pasteur's nicht wie dieser einen vibrion, sondern einen Doppelkoccus. Ich habe ebenso wenig wie Pasteur's microbe pyogénique, Doléris point double trotz sehr vieler Eiterkulturen als besonderes Wesen kennen gelernt.

Doch kann man wohl aus den Mittheilungen des Letzteren mit ziemlicher Sicherheit feststellen, was für eine Bewandtniss es damit hat. Sowohl bei der Kultur des Staphylococcus als auch des Streptococcus findet man zahllose, zu zwei und dreien aneinander gelagerte Coccen. Namentlich bei Letzterem bilden sich in gewissen Stadien der Entwicklung und auf gewissen Nährböden, z. B. auf Agar und im Gewebe, nur ganz kleine Ketten von 2—3, selten mehreren Individuen[3]. Solche mit staphylococcus vermischt hatte Doléris vor sich,

- -

[1] A. Doléris, La fièvre puerpérale et les organismes inférieurs. Paris 1880. Baillière et fils.

[2] Wie weit das mit Pasteur's völliger Uebereinstimmung geschieht, kann ich nicht beurtheilen.

[3] S. im folgenden Fall Neuhaus.

wie aus seinen Mittheilungen hervorgeht. Er spricht von der intimen „connection" des point simple, double, chapelets. Er hält sie für einen einzigen Mikrococcus indem er sagt: „. . . et que j'ai affaire uniquement à un microccoccus unique: point, couple de point, chapelets." Er glaubt, dass der Mikrococcus en point und en point double sich zu chapelets entwickle, indem er sagt: . . . le micrococcus dont la forme la plus parfaite est représentée par le chapelet de grains." Dass er aber trotzdem nur Mischformen vor sich hatte und zwar unter andern vom staphyl. pyog. aur. und von streptococcus, lässt sich aus folgender Mittheilung ersehen. Die Kulturen von einem Eiter in Urin und Bouillon ergaben das Organisme pyogénique en points doubles in grosser Quantität. In allen Kölbchen bildeten sich wirkliche Klümpchen der Kultur, welche in dicker Lage auf dem Boden des Gefässes kompakte Agregate von schön gelber Farbe darstellten. Später hatten sich die „micrococcus zu langen chapelets angeordnet." Die richtige Deutung dürfte die sein, dass erst der staph. pyog. aur., dann der strept. pyog. zur Entwicklung kamen.

W. Cheyne[1]) untersuchte als Assistent Lister's seit 1876 das Vorkommen von Mikroorganismen unter antiseptischen Verbänden. Auch er hat constatirt, dass Mikrococcen und Bacterien ganz verschiedene Wesen seien. Anderseits aber kam er im Gegensatz zu anderen Beobachtungen zu dem Resultate, dass nur die Letzteren, nicht die Coccen in den Wunden wesentlich schädlich wirkten. Wichtiger als all diese Arbeiten ist die musterhafte Arbeit von A. Ogston[2]), weil sie sich schon weit mehr auf Koch's Untersuchungsmethoden stützt, und auch mit Hilfe der besten Zeiss'schen Oelimmersionsysteme und anderer exacten Untersuchungsmethoden ausgeführt wurde. Er erbrachte zunächst den Beweis, dass jede acute Eiterung in der That durch Mikroorganismen hervorgerufen wird, von der positiven

---

[1]) W. Cheyne relation of organisms to antiseptic dressing. Transact. of pathol. Soc. Vol. XXX. S. a. Lancet 1879, Mai 17.

[2]) Al. Ogston, Report upon microorganism in surgical disease. Brit. med. journ. March 12, 1881, p. 369. S. a. vorher A. Ogston, Ueber Abscesse Arch. f. klin. Chirur. 1880, Bd. 25 und den Vortrag auf dem Chirurgencongress 1880, 9. April.

Seite. Bei 69 acuten Abscessen, welche O. untersuchte, wurden in keinem einzigen **die** Mikroorganismen vermisst; nur in den **kalten Abscessen fehlten sie.** Auch in der Beschreibung der Mikrococcen **der** Eiterbildung verdanken wir O. die ersten Grundzüge. **Er** konstatirte wesentliche Unterschiede zwischen **denselben.** Einmal ordneten sich diese Coccen in Ketten **an zu** je drei oder vier, auch in sehr viel grösserer Anzahl. Es wurden Ketten von 300 Individuen beobachtet. **In anderen Fällen fehlten** die Ketten ganz und **gar: die Coccen gruppirten sich in Haufen** oder Wolken, **welche bei stärkerer Vergrösserung aussehen wie** Fischrogen, **oder bei** noch stärkerer wie Weintrauben. **Abgesehen** hiervon unterschieden **sich noch die** Coccen wesentlich durch **ihre Grösse.** — Gewöhnlich trat in einem Abscess **nur die eine bestimmte Art auf,** oft genug auch mehrere. So wurden unter 64 Abscessen **bei** 17 nur Ketten, bei 31 nur Gruppen, bei 16 beide Formen vorgefunden. Während O. in genannter Arbeit noch zweifelhaft blieb, ob er den Kettencoccus und den sich traubenförmig gruppirenden als verschiedene Wesen auffassen solle, spricht er sich später [1]) mit Entschiedenheit dafür aus, dass es sich um ganz getrennte und **bestimmte** Formen handle. **Er** nennt nach Billroth den Kettencoccus Streptococcus, die andere Art nach den eigenthümlichen Conglomeraten, die **er in den** Geweben bildet, mit Rücksicht auf den Vergleich mit der Weintraube ($\sigma\tau\alpha\varphi\nu\lambda\eta$) Staphylococcus. **Den Unterschied im klinischen Bild, der von diesen** beiden Formen **hervorgerufenen Entzünd**ungen, beschreibt **O.** folgendermassen:

„Beide Formen besitzen die Eigenschaft, Entzündung, welche **mit** Abscedirung endet, und Phlegmone hervorzurufen. Je mehr indess die Krankheit dem Typus des Ery-

---

[1]) Al. Ogston, Micrococcus poisoning, Journal of anatomy and physiology, normal and pathological, Band **XVI**, pag. 526, 1882 und Band XVII, pag. 24, 1882, October.

sipeles sich nähert, je mehr sie sich in den Lymphbahnen concentrirt, desto evidenter wird ihr Zusammenhang mit Streptococcus; während eitrige Entzündung, welche sich mehr über die Gewebe als auf die Lymphgefässe erstreckt, das characteristische Ergebniss des Staphylococcus zu sein scheint. Kurz: localisirte Phlegmone ist gewöhnlich Folge des Staphylococcus und erysipelatoïder Process Folge vom Streptococcus."

Auch pathologisch-anatomisch fand O. einen Unterschied in der Wirkung dieser beiden Coccengattungen. In den ersten Tagen nach einer Injection in die Gewebe stellte sich meist die Injectionsstelle als ein rother Knoten dar, mit gelblichem Centrum, einem weichen Schanker ähnlich. War Staphylococcus injicirt, so zeigten sich an der Grenze des Gewebes gegen das schon eben erweichte innerste Centrum des Knotens „dichte, runde Massen des Mikrococcus, wie Wolken von dichtem Dampf, welche, wie sich bei geeigneter Färbung zeigte, die Gewebe durch gleichmässige, periphere Invasion aufzehrten. · Dadurch wurden letztere in geringer Entfernung von den Coccen wachsartig und homogen, so dass Zelle, Kern und Intercellularsubstanz sich nicht so wie gewöhnlich differenzirten. Dieser Hof von verändertem Gewebe — augenscheinlich eine Folge von irritirenden, ätzenden Producten der Pilzvegetation — bildet gewissermassen den Vorposten der Staphylococcuswolken, welche folgen und alle Structuren zerstören, ehe die eitrige Schmelzung als Ende folgt. Verschieden ist der Process, wenn Streptococcus injicirt wird. Es erfolgt eine ähnliche, eitrige Schmelzung, die vielleicht weniger schnell fortschreitet und auch weniger den destructiven Character eines weichen Schankers zeigt. Es ist eine wachsähnliche Beschaffenheit des befallenen Gewebes zu sehen, aber die Invasion geschieht nicht durch dichte Wolken, welche alle Struktur zerstören, sondern durch das Einschmeicheln von Kettencoccen zwischen die Gewebselemente, indem sie die Intercellularsubstanz und die Zellen befallen und ein Netzwerk von Linien bilden, zwischen denen man noch die Kerne der Gewebe erkennen kann." Auch ich habe vor Jahren, als ich mit Erfolg die mikroskopischen Untersuchungen des Eiters auf Mikroorganismen begonnen hatte, den Unterschied zwischen Ketten- und Gruppencoccus kennen gelernt; habe mir aber schon damals gesagt, dass gerade bei dieser Art der Mikrobien mit der bloss mikroskopischen Unterscheidung schwerlich auszukommen sein werde. Man mag ja den Unterschied betreffs der Anordnung der einzelnen Individuen zu Ketten- oder traubenförmigen Conglomeraten oder auch zu kleineren Gruppen von je 2—3 oder 4 Einzelindividuen eventuell als wesentliches Merkmal benutzen können, doch dass selbst ganz auffallend gleiche Gruppirungen bei ganz verschiedenen Coccen auftreten können, zeigt sehr deutlich eine Vergleichung des Streptococcus der Eiterbildung und des des Erysipeles. Der Leser möge Fig. 3 und Fig. 4 vergleichen und sehen, ob er einen Unterschied finden kann. Ich habe ferner gesehen, dass, wenn man Streptococcus auf Fleischpepton agar züchtet, die Kettenform bald sehr schwindet, so dass manchmal selbst die Unterscheidung zwischen Streptococcus und Staphylococcus mikroskopisch nicht mehr möglich ist. Was ferner die Grösse der einzelnen Coccen betrifft, so habe ich mich, so weit sich ohne Photographie urtheilen lässt, überzeugt, dass junge Staphylococcen kleiner sind als alte; bei Streptococcus findet man in einer durch Generationen als Reinzucht erwiesenen Kultur die bedeutensten Unterschiede in Grösse und Färbungsvermögen der Coccen, welche sich sogar bei den Individuen derselben Kette geltend machen. Die beiden genannten Figuren (3 und 4) zeigen das. Glücklicherweise hat uns nun Koch mit einer anderen, ebenso einfachen als genialen Erkennungs- und Unterscheidungsmethode der einzelnen Pilze beschenkt: der Cultur auf festen Nährböden. Erst als ich anfing, die Mikrobien der Abscesse auf solchen Medien zu züchten, lernte ich die verschiedenen Arten derselben kennen. Schon allein das makroskopische Aussehen der Kulturen liess dieselben Formen stets leicht und sicher wiedererkennen und stimmte in jedem Falle mit der mikroskopischen Controle. Ich machte die Kulturen zuerst auf Pepton-Fleischextract-Gelatine (welche ich in folgendem abgekürzt mit P. F. G. bezeichnen werde). Jetzt verwende ich diesen Nährboden nur noch zu bestimmten Zwecken, nicht im Allgemeinen, weil die meisten Eitercoccen die Eigenschaft haben, die Gelatine rasch zu verflüssigen, so dass sie oft zerflossen ist, ehe einmal die Kultur charakteristische Formen oder Farbe angenommen hat. Keiner der in dieser Arbeit in Frage kommenden Mikroorganismen hatte die Eigenschaft, den Agarboden zu verflüssigen. Auch fand ich denselben im Uebrigen sehr geeignet für meine Zwecke. Er liess am besten die verschiedenen Arten des Wachsthums der Pilzrasen, die Nüance in der Färbung, der Durchsichtigkeit, die Interferenzerscheinungen etc. etc. erkennen. Ich habe vorwiegend auf diesem, dann auch auf erstarrtem Blutserum, seltener auf Kartoffeln kultivirt. Die Bereitung des Fleischpepton-Agarnährbodens (im Folgenden F. P. A bezeichnet) entspricht ganz der in den Veröffentlichungen des Reichsgesundheitsamtes für die P. F. G. gegebenen Vorschriften.

Es wurden 1000 gr Fleischinfus [1000 gr zerkleinertes Rindfleisch mit 1000 gr destillirtem Wasser 24 Stunden in der Kälte macerirt, die Flüssigkeit abgegossen, aufgekocht, filtrirt] mit 10 gr Eiweisspepton, 6 gr Kochsalz und etwa 20 gr Agar versetzt bis zum Zergehen des Letzteren gekocht, mit phosphorsaurem Natron bis zur alkalischen Reaction versetzt und im Dampftopf durch Watte filtrirt.

Es ist nicht zu erreichen, dass die Consistenz des Agars immer gleich ausfällt, weil sich dasselbe bei langem Kochen nur theilweise auflöst, bald mehr, bald weniger. Für das Aussehen der Kulturen ist aber die Steifheit dieses Nährbodens nicht gleichgültig. Will man also Kulturen mit einander vergleichen, so ist es **nothwendig,** dieselben nebeneinander in Röhrchen zu züchten, **welche von** derselben Portion eines Agarstandes beschickt **wurden.**

Ich will noch erwähnen, dass man dem Verderben der Röhrchen, mögen **dieselben schon** Kulturen enthalten oder nicht, besonders da, **wo der Wattepfropf** häufig abgenommen werden muss, sehr vorbeugen **kann, wenn man nach** gehörigem Trocknen des mit dem Agar beschickten Probirröhrchens, nachdem auch die Wassertröpfchen im Innern des Gläschens vollständig verschwunden **sind,** den herausragenden Theil des Wattepfropfes **(ich ziehe ihn** dazu auch wohl **noch** etwas vor) mit einer spirituösen Sublimatlösung **(etwa** $1°/_0$), welcher **noch eine** Spur von Mastix $(0,25 °/_0)$ zugesetzt **ist, eben befeuchtet,** am besten so, **dass man** ihn an einen mit obiger Lösung befeuchteten Wattebausch andrückt.

Bei der Kultur von Eiter aus dreissig geschlossenen acuten Abscessen lernte ich 5 verschiedene Arten von Mikrobien kennen.

(Unter **diesen sind die stinkenden Abscesse,** welche ausser den Eiter-**coccen noch Bacillen,** Spirillen und differente Coccusarten etc. enthielten, nicht mitbegriffen).

Von diesen 5 Arten der Eitercoccen möchte ich vorläufig noch eine als ungewiss ausscheiden. Der allererste Kulturversuch mit Eiter nämlich aus einer präpatellaren Phlegmone, welche zwar Tendenz zu weiterer Ausbreitung zeigte, aber doch ohne Schwierigkeit zur Ausheilung kam, ergab sowohl auf erstarrtem Blutserum, als auf **F. P. G.** in drei verschiedenen Gläsern, gleichmässig einen ovalen Coccus (Bakterium?), doppelt so lang als breit, **welcher die Gelatine rasch verflüssigte.** Es wurde von der Kultur einem Kaninchen etwas in einen Bulbus gebracht. Das Resultat war eine subacute Vereiterung desselben ohne wesentliches Allgemeinleiden. Ich setzte nur deshalb Misstrauen in diese Beobachtung, weil sie die erste war, und weil ich später in geschlossenen Abscessen dieses Mikrobion niemals wieder gefunden habe. Uebrigens spricht auch O g s t o n **von** solchen ovalen Coccen im Eiter. Besonders aber habe ich an Pasteurs microbe pyogénique gedacht. — Als häufigstes Eitermikrobion muss auch ich den in beliebig grossen Gruppen

oder nach Ogston in wolken-, trauben- oder fischrogenförmigen
Conglomeraten auftretenden Coccus bezeichnen. Ich will mich
hier an Ogston's Bezeichnungen anschliessen und den Namen
Staphylococcus adoptiren, freilich nicht für einen einzigen Pilz,
sondern für eine Gruppe von vorläufig 2 Einzelarten. Diese
beiden Arten verhalten sich in ihrem Wachsthum, ihrer mikroskopischen Form, in ihrer Gruppirung, in ihrer pathogenen
Wirkung beim Thierversuch so analog, dass man sie nicht
würde unterscheiden können, wenn sie sich nicht sofort in den
Kulturen sehr auffällig durch ihre Farbe markirten. Die eine
häufigste Art macht goldgelbe, undurchsichtige, die andere
scheinend weisse, auch undurchsichtige Kulturen (Fig. I und IV).
Diese Farbenunterschiede werden beibehalten in allen Generationen, mag der Nährboden in verschiedenster Weise wechseln:
Gelatine mit Agar, mit Kartoffeln, Blutserum etc. mag die
Serie der Kulturen durch Eiweiss, Fleisch mit und ohne Luft,
mag sie vom lebenden Thier zurück zum todten, Nährboden führen. Im Eiter kommen diese beiden Arten nicht
selten zusammen vor, wahrscheinlich noch häufiger, als ich im
Anfang dieser Untersuchungen glaubte. Es haben nämlich
gleichaltrige Kulturen auf Agar die Eigenschaft, da, wo sie sich
berühren, so diffus in einander zu wachsen, dass man eine gelbe
Reinzucht vor sich zu haben wähnt, während in der That eine
Mischzucht vorhanden ist. So sah ich einige Male beim Auf-
streichen eines coccenarmen Eiters weisse und goldgelbe Pünktchen im bunten Bilde gemischt aufgehen; wo die weissen
Pünktchen allein lagen, blieben sie weiss, sobald sie einen
gelben Punkt berührten, diffundirten beide Kulturen zu einem
gelben Flecke. Zur Bezeichnung der beiden Arten schlage ich
vorläufig, bis die Botaniker diese Wesen mit passenden Benennungen in das allgemeine System eingereiht haben werden,
nach der charakteristischen Farbe der Kultur die Namen Staphylococcus flavus oder aureus und Staphyl. albus vor. Freilich wird

man zum Unterschied von anderen gelben Coccenarten noch
angeben müssen, dass sie aus (menschlichem) Eiter erhalten
wurden. Betrachten wir also zuerst den

I. Staphylococcus pyogenes aureus.

Ich habe diesen, wenn ich alle meine Culturen, auch die
im Folgenden nicht speciell erwähnten zusammennehme, wohl
am häufigsten angetroffen. Macht man eine Aussaat dieses
Mikrobions, sei es des im Eiter enthaltenen oder des schon gezüchteten in Form eines Impfstriches auf F. P. A., so entsteht
bei 30—37 " Cels. Brütungstemp. schon nach 24 Stunden, selbst
früher ein schwach opaker Strich, welcher sehr bald deutlicher
wird und dann aussieht, wie wenn er mit Anfangs weiss-
lich-gelber, später orange-gelber Oelfarbe aufgetragen wäre.
Die Kultur wächst dann in die Breite, indem sie rundliche
Facetten bildet bis zu 3 auch 4 mm und nimmt einen noch
immer dunkleren orangefarbenen Ton an (Fig. I, II, III), dann
hört sie auf, sich auszudehnen. Sie wächst spontan nicht in die
Tiefe. In der Kälte wächst sie langsamer. Im Impfstich
wächst sie ebenfalls gut und bildet eine undurchsichtige gelbe,
stellenweise unregelmässige, klumpige Säule. Auf F. P. G. verflüssigen sich die Impfstriche sehr bald, und später der übrige
Theil der Gelatine (ohne dass der Coccus dieselbe vorher durch-
wächst). Die Kultur fällt dann zu Boden und wird allmählich
zu einem dunkel-orangefarbigen Satz. Auf erstarrtem Blutserum
entstehen rasch wachsende Kulturen, Anfangs nur schwach gelb,
später dunkler. Auf Kartoffeln ebenfalls gutes Wachsthum.
An der Luft trocknet die Kultur mit der Zeit ein, verliert die
Farbe und wird schwieriger zu übertragen, ohne dass sie jedoch
nach fast Jahresfrist (in einem Falle) sich gänzlich abgestorben
zeigte. Ohne Luft hält sie sich sehr lange. Ich komme darauf
bei den Beobachtungen über Osteomyelitis zurück. Das Mikrobion stellt sich mikroskopisch als ein sehr kleiner Coccus dar

2*

von reiner Kugelform. Bei jungen Kulturen liegen diese Kugeln
in eine Grundsubstanz eingebettet sehr gleichmässig nebeneinander und bieten ein sehr zierliches Bild (Fig. 1). Eine
weitere Anordnung derselben findet sich nicht. Die ganz jungen
Coccen scheinen mir kleiner zu sein als die alten; auch findet
man in älteren Kulturen verschiedene Grössen vor. Ein Oel-
system löst das gefärbte Object zu überraschend zierlich, scharfem
Bild. Die besten älteren Trockensysteme lösen das Object
schlecht oder nicht, gute Wasser-Immersionen wohl bei ge-
nauer Correction. Neuerdings fertigt allerdings unser Optikus,
Herr W i n k e l, Trockensystem Nr. 8, je Nr. 6 an, welche das
Object für eine gut differencirende Netzhaut noch scharf lösen.
— Injectionen von aufgeschwemmten Agar-Kulturen dieses
Mikrobions erwiesen sich bei Thieren, Kaninchen, Hunden, sehr
deletär. Bei Mengen von etwa 0,5 gr der Aufschwemmung in
das Knie oder in die Pleura injicirt, pflegten Kaninchen den
anderen Morgen nicht zu erleben. Thaten sie es, so entwickelte
sich eine furchtbare Phlegmone. Hunde pflegten diese wohl zu
überleben, wenn die Injection in das Knie geschehen war, wo
dann bald Abscedirung und Aufbruch erfolgte. Spccielleres
werde ich bei der Osteomyelitis mittheilen. Auf todtem, fäulniss-
fähigem Nährboden ist das Mikrobion ausser Stande, sei es bei
Luftzutritt oder Ausschluss derselben, stinkende Fäulniss zu
erzeugen. Auch werden durch dasselbe keine oder nur geringfügige Spuren von Gasen gebildet. Ich habe dasselbe in grösserer Quantität (etwa 0,1 ccm) der aufgeschwemmten Agarkultur auf Eiweiss und gekochtes Rindfleisch bei $30^0—35^0$ C.
im luftleeren Kolben wirken lassen. Der Wasserhammer blieb
voll bestehen und besteht noch nach Jahren. Trotzdem zergeht
sowohl das Fleisch wie das Eiweiss. Ich untersuchte einen solchen
Kolben mit ganz zergangenem Eiweiss auf Peptone, indem ich die
Flüssigkeit kochte, filtrirte, mit Bleioxyd kochte; im Filtrat mit
Schwefelwasserstoff das Blei entfernte. Die restirende Flüssigkeit

war sehr peptonreich, sie ergab ohne weiteres Einengen starke
Biuret-Reaction.

2. Der Staphylococcus pyogenes **albus**

keimte auf F. P. A. in üppigen, undurchsichtigen, weissen Kulturen,
welche aussehen, wie ein in die Länge ausgestrichener Tropfen
weisser Oelfarbe (Fig. IV). Der Strich wächst rasch in die Breite bis
etwa 4 mm., welche er in 1—2 Wochen erreicht. Nach längerer Zeit
trocknet die Kultur ein, wird glatt und ist später schwieriger zu übertragen. F. P. G. wird rasch verflüssigt wie vom St. p. aur. Im
luftleeren Kolben bewahre ich eine Reinzucht nunmehr 3½ Jahre
auf, welche letzthin noch gute Kulturen lieferte. Ich muss bemerken, dass nicht selten die Kulturen dieses Mikrobions dünn
und kümmerlich ausfallen und kaum über den Ort der Aussaat
hinauskommen. Erst eine bald angestellte weitere Uebertragung
liefert dann üppige Kulturen. Mikroskopisch ist wie gesagt, dieses
Mikrobion nicht von dem gelben Eitercoccus zu unterscheiden. Es
zeigt genau dieselben regelmässig neben einander eingebetteten
Kügelchen, wie der Staphyl. pyog. aureus. **Fig. 1** ist von einem
Präparate des Staphyl. pyog. **albus** gezeichnet. Auch pathogen
wirkt dieser Coccus wie der vorige. Die betreffenden Thierexperimente sind im Folgenden in Anschluss an den Fall:
Dorette Stümpfel — speciell mitgetheilt.

3. Mikrococcus pyogenes tenuis‘

habe ich ein Eitermikrobion genannt, welches nur selten vorzu-
kommen scheint. Ich habe es 3mal und zwar als Reinzucht
beobachtet. Anfangs entging es meiner Beobachtung überhaupt,
weil seine Kulturen von einer fast an das Unsichtbare grenzen-
den Zartheit sind (daher der vorläufig gebrauchte Name). Auf jeden
Fall ist dieser Coccus von den vorigen beiden grundverschieden.
Er liegt in den Kulturen in nur geringen Ansammlungen aneinander, ist auch nicht zu bestimmten Gruppen angeordnet. Ich
habe ihn zwar in den Geweben nicht kennen gelernt, glaube

aber nicht, dass man ihn zu den Staphylococcen rechnen kann.
Auf Agar bilden seine Kulturen um den Impfstrich ganz dünne,
fast glashelle Auflagerungen, wie wenn man den Impfstrich
in etwa Millimeterbreite mit einer dünnsten Schichte von durch-
sichtigem Lack umsäumt hätte. Im Impfstich, und wenn die
Kultur zwischen Glas und Nährmasse dringt, wächst der Pilz
energischer, auch in etwas dickerer, schwach opaker Schichte.
Mikroskopisch erweisen sich die Einzelindividuen als unregelmässigere Coccen, vielleicht etwas grösser als die vorigen,
welche nicht selten zwei dunklere Pole mit heller gefärbter
Zwischensubstanz haben und dann auch mehr gestreckt sind
(Fig. 5). Die Kulturen sind kaum zu zeichnen. Auch habe ich
mit diesem Coccus noch keine Thierversuche gemacht. Auf die
klinische Eigenthümlichkeit der durch ihn bedingten Abscesse
werde ich im Folgenden zurückkommen.

4. Streptococcus pyogenes.

(Kettencoccus, Streptococcus, Torula (?), Organisme en
chapelets. Bacterium varicosum (?)

Wollen wir einen Coccus, welcher sich aus mehreren
Einzelcoccen zu charakteristischen Reihen, Ketten, Ringeln oder
rosenkranzähnlichen Figuren gruppirt mit Ogston, welcher
Billroth's Nomenklatur acceptirt hat, Streptococcus nennen,
so bezeichnet auch hier dieses Wort nur eine Gattung; denn
es gibt mehrere Arten, welche sich mikroskopisch in gleicher
Weise zu Ketten anordnen. Soweit bis jetzt die Beobachtung
reicht, muss man bei den Wundinfectionskrankheiten mindestens
drei verschiedene Arten Streptococcus annehmen. Sehen wir
von der einen ab, welche Koch als Ursache einer progressiven
Gewebsnekrose an Mäusen entdeckte, so bleiben bei den menschlichen Wundkrankheiten zwei Arten über, die eine ist das
Mikrobion des Erysipelas, welches Fehleisen entdeckte, und
welches ich hier wohl vorläufig als Streptococcus erysipelatos

— Fehleisen bezeichnen darf. Der andere Streptococcus ist der in Rede stehende Eitercoccus, der ja dann als streptococcus pyogenes hinreichend bezeichnet wird. Wie schon bemerkt, habe ich in mikroskopischem Bilde zwischen diesen beiden Coccenarten ein charakteristisches Unterscheidungsmerkmal nicht auffinden können; dagegen sind, wie schon Fehleisen hervorhebt, die Culturen verschieden und charakteristisch genug, dass sie stets durch Parallelculturen unterschieden werden können. Der streptococcus pyogenes geht auf F. P. G. in anfangs einfachen, schwach weisslichen, ziemlich durchsichtigen runden Stippchen von der Grösse kleiner Sandkörnchen auf, welche auf diesem Nährboden wenig Wachsthum zeigen, selbst wenn die Temperatur so hoch ist, als sie darf, ohne die Gelatine zu verflüssigen. Auf F. P. A. wächst dieser Coccus viel energischer, wenn bei 35—37 °C. gezüchtet wird. Auch hier zeigte er die Neigung, in gleichen Pünktchen aufzugehen wie auf der Gelatine, welche aber später bis zu Stecknadelkopfgrösse anwachsen. Macht man mit reichlichem Material einer frischen Cultur einen Impfstrich, so geht auch dieser Coccus wohl in continuirlichem Strich auf, zeigt aber auch hier die Neigung, Centren zu bilden. (Fig. VI u. Fig. VIII.) Mag nun dieses Mikrobion in Pünktchen oder in Strichen aufgehen, im weiteren Wachsthum zeigt er folgendes Verhalten: In der Mitte wächst die Cultur am höchsten und lässt hier eine schwach bräunliche Färbung erkennen, während die Peripherie sich rasch verflacht. Nur der äusserste Rand ist wieder etwas dicker und hat oft ein gewelltes, getüpfeltes Aussehen, hervorgebracht durch pünktchenförmige Anhäufungen der Pilzmasse, und nicht selten sieht man vom letzten Rand aus neue Pünktchen um denselben entstehen. (Fig. V.) Bei weiterem Wachsthum schliesst sich dem ersten Rand eine meist noch flachere Terrasse an und dieser eventuell noch eine dritte u. s. w. Fig. VII zeigt bei 20 facher Loupenvergrösserung eines Theiles der in Fig. VI dargestellten Cultur

die gewellten immer flacheren Terrassen bei durchfallendem
Spiegellicht. Im Ganzen aber ist das Wachsthum der Cultur
langsam und geringfügig und erreicht in 2—3 Wochen ein
Maximum von vielleicht 2—3 mm. Breite. Je älter desto
schwieriger ist die Cultur wieder zum Aufkeimen zu bringen.
Eine Cultur, welche nach 4 Monaten, während welcher sie in
Stubenwärme lag, in reichlichstem Material auf frisches F. P A.
übertragen wurde, keimte nur in 8 feinsten Pünktchen — von
8 Einzelorganismen — auf. Im Impfstich wächst der Pilz besser,
geht leichter an und bleibt besser übertragbar. Auf erstarrtem
Blutserum wächst er sehr gut in ganz ähnlicher Weise wie auf
Agar. Er verflüssigt keinen der Nährböden. In luftleerem Raume
macht er gekochtes Eiweiss und Rindfleisch leicht zergehen,
ohne Fäulnissgeruch und wesentliche Gasbildung und wirkt
dabei ebenfalls ziemlich energisch peptonisirend. Die Details
dieser Untersuchungen werden bei den Fällen, von denen die
Coccen stammen, mitgetheilt. Betrachtungen der Culturen bei
stärkerer Vergrösserung (Winkel Syst. 6, Ocul. 3) ergaben die
Grenze derselben selten ganz glatt, sondern meist mit kleinen
Zacken besetzt; häufig aber bilden hier die Einzelorganismen
grössere Schlingen, Netzwerke, Ranken oder Figuren wie auf-
gedrehte Quasten etc. Hiemit hängt wahrscheinlich das makroskopische Wachsthum von Pünktchen am Rande der Cultur
zusammen.

Mikroskopisch bildet dieser Coccus die erwähnten Ketten
(Fig. 3), wie sie von Ogston mit grosser Treue und bei starker
Vergrösserung abgebildet sind.

Auf den ersten Blick scheint die Aehnlichkeit der Culturen dieses Pilzes mit dem Erysipelpilz eine sehr grosse zu
sein. Auch letzterer hat oft, aber viel weniger ausgesprochen
die Neigung, flachere Höfe zu machen, deren Ränder dann aber
entschieden dickere und namentlich unregelmässigere, auch

opakere und weisslichere Klümpchen und Streifen bilden. **Bei**
weiterem **Wachsthum ist** hier **die** Bildung **von** Fortsätzen oft
so bedeutend, **dass die** Cultur ein dentritisches Ansehen bekommt
und aussieht **wie das** Blatt eines Waldfarrenkrautes, während
man **eine** etwas regelmässige Cultur des Eiterpilzes eher mit
einem Akazienblatt vergleichen könnte. Auch im Impfstich
zeigt die Cultur weissgelbliche Klümpchen. Das Wachsthum ist
etwas erheblicher als das **des** Eiterpilzes, **wenn auch nicht**
viel. Durch die Freundlichkeit des Hrn. Prof. F l ü g g e erhielt
ich Erysipelculturen, welche vom Reichsgesundheitsamt kamen
und ächte Descendenten der durch vielfache Rückimpfungen
als das wirkliche Erysipelcontagium nachgewiesenen Coccen
waren. Sie stimmten in jeder Hinsicht mit meinen **Culturen**
überein. **Ich habe die ursprünglich** mir übermittelte **F. P. G.-**
Impfstichcultur im reflektirten Licht und eine davon abstammende
2 Generationen entfernte F. P. A.-Impfstrichcultur bei durchfallendem Licht abbilden lassen (Fig. IX u. X) bei 2—3 facher
Vergrösserung. Die farrenblattähnlichen Auswüchse bei weiterem
Wachsthum zeigt die Fig. X noch nicht. Auch der Erysipelcoccus verflüssigt die 3 angewandten **Nährböden** nicht. Mikroskopisch zeigen **seine** Culturen jene Schlingen und Netzwerk-
bildungen am Rande ebenfalls ja noch stärker. Es scheint **auch,**
als seien durchschnittlich die Ketten wie die Coccen grösser.
Beide Arten **der** Kettencoccen **wachsen** auf Blutserum und
F. P. G. namentlich in **den** Impfstichen mikroskopisch in ex-
quisiten oft sehr langen Ketten. Auf Agar wird das Wachs-
thum beider leicht unregelmässiger. Zuerst bilden sich auch
Ketten, dann aber wachsen die Coccen nach der **Seite** der
Ketten, **so** dass sich diese sehr bald verbreitern. Meistens ist
in den, wenn auch verbreiterten Figuren, die ursprüngliche
Kettenform wohl noch zu erkennen, **oft** aber ist das Wachsthum so diffus, dass eine Unterscheidung von Staphylococcus
mikroskopisch sehr schwierig **wird.** Auch in den Geweben sind

die Ketten kurz, es überwiegen Einzelindividuen und Ketten
von 2—3 und etwas mehr Gliedern.

Kaninchen zeigten sich gegen die Eiterkettencoccen nicht
sehr empfänglich. Dabei ist freilich zu bedenken, dass bei den
so kleinen Culturen immer nur sehr wenig zur Anwendung
kam. Injectionen der aufgeschwemmten Agarculturen bewirkt
örtlich Abscedirungen, Einimpfungen der reinen Agarcultur
in kleine Hauttasche einen örtlichen entzündlichen Knoten.
Die Details dieser Thierexperimente werden ebenfalls bei den
Fällen, von denen die Coccen stammten, mitgetheilt. Viel em-
pfindlicher sind Mäuse. Ich habe nach den minimsten Einimpfungen in einem kleinen Hautschnitt von 6 Mäusen 2 am
3. und 4. Tage an einer flachen progredienten Eiterung sterben
sehen.

Höchst wahrscheinlich ist der beschriebené Eiterkettencoccus identisch mit Pasteurs und Doléris microbe en
chapelet und mit Krause's [1]) Kettencoccus. Doch ist die
Schwierigkeit nicht zu verkennen, welche sich eventuell einer
weiteren Unterscheidung mehrerer Streptococcen entgegenstellen
könnte.

Ich habe hiemit dem Leser die Coccen vorgestellt und
charakterisirt, welche ich in geschlossenen Eiterungen vorfand.
Naturgemäss schliesst sich die Frage an, ob denn diese verschiedenen Mikrobien verschiedene Wirkung ausüben; ob in
dem klinischen Bilde der Abscesse und Eiterungen ein Unterschied wahrzunehmen ist, je nach dem Mikrobion, durch welche
diese hervorgerufen wurden. Es fand sich allerdings ein Unterschied und zwar in der Weise, dass ich nicht selten im Stande
gewesen bin, die Diagnose des Mikroorganismus aus den klinischen Erscheinungen zu machen. Characteristisch treten allerdings die Unterschiede erst bei den schwereren Phlegmonen

---

[1]) Fortschritte der Medicin 1884, Nr. 8.

zu Tage; ich kann daher specieller auf dieselben erst nach Mittheilung des gesammten klinischen Materials, der Abscesse, Empyeme und der schwereren Phlegmone eingehen.

III. Klinische Mittheilung der Fälle acuter Abscesse nach den in ihnen gefundenen Mikrobien geordnet.

Bei den 26 Fällen geschlossener Abscesse, von denen ich die Krankengeschichte besitze, sind anfangs die Culturen auf F. P. G. gemacht, und die meisten der folgenden ohne speciell darauf gerichtete Differenzirungs-Untersuchungen, nach Koch's Methode geblieben, so dass ich nicht mit Sicherheit behaupten kann, ob nicht ab und zu beide Staphylococcusformen vorhanden waren, während Streptococcus in den Culturen mikroskopisch kaum zu übersehen sein dürfte. Es fand sich

A. Staphylococcus aureus

(mit oder ohne albus) in folgenden Abscessformen:

1. Abscess der Kopfdecken bei 3jährigem Kinde unter Kopfeckzäm entstanden. Baldige Heilung.
2. Präpatellarabscess bei 20jährigem Dienstmädchen mit promptem Heilungsverlauf.
3. Submentaler Abscess mit dickem rahmigen Eiter bei Kind, seit 8 Tagen entstanden. Baldige Heilung.
4. Abscess nach Phlegmone der submaxillaren Drüsen, seit 8 Tagen entstanden bei einem 4jährigen Mädchen.
5. Phlegmonöser, tiefer, subfascialer Abscess am unteren Ende des Radius bei 3jähr. Kind, ohne bekannte Ursache entstanden. Ursprüngliche Osteomyelitis-Diagnose; nicht bestätigt, sondern rasch heilender Weichtheils-Abscess.
6. Abscess der submentalen Drüsen nach Ausschlag um Mund und Kinn.
7. Abscess am oberen Umfang der mamma, seit 14 Tagen entstanden bei 17jährigem Mädchen.
8. Abscedirung der Cruraldrüsen, nach einer vor 4 Wochen entstandenen Schrunde am malleol. int. bei einem 15jährigen Knaben, rasche Heilung.
9. Präpatellarphlegmone bei 18jährigem Dienstmädchen.

Dazu gesellen sich 2 Furunkel der Oberlippe, welche sehr
früh, der eine noch vor Beginn der Eiterbildung geöffnet wurden,
nämlich:

10. **Furunkel der Oberlippe bei einem** 18jährigen Schlosser, Adolf Wolfes,
    seit 2 Tagen bemerkt mit infiltrirtem, phlegmonösem Strang nach oben.
    Bei Incision entleerte sich noch keine Spur von Eiter. Das scharf ab-
    gegrenzte inficirte Gewebe der Cutis zeigte im Durchschnitt eine trüb-
    gelbliche Färbung.

11. **Furunkel an der Oberlippe** bei einem 15jährigen Knaben, seit 3 Tagen
    auch mit jenem Strang nach oben. Ganz gleiches Bild beim Durchschnitt.
    In beiden Fällen wurde auch mit immer verdünnterem Material cultivirt,
    bis nur einzelne Pünktchen aufgingen. Es war nichts weiter als staphyl.
    pyog. aureus vorhanden.

Auch P a s t e u r [1]) untersuchte 5 mal Furunkel bei 3 verschiedenen Individuen und cultivirte daraus in Hühnerfleisch- und
Hefebouillon jedesmal einen sphärischen Organismus, welcher
sich zu zweien, selten zu vieren, oft aber zu H a u f e n gruppirte.
Wahrscheinlich also handelte es sich um staphylococcus. P.
unterscheidet. seinen Furunkelcoccus von seinem microbe pyogénique, constatirt aber seine Identität mit dem der acuten
Osteomyelitis. Neuerdings fand auch F. K r a u s e [2]) den gelben
Coccus ausser bei Osteomyelitis bei Furunkeln.

B. Streptococcus allein

fand ich in folgenden Abscessformen:

1. **Subkutane Phlegmone am Knie** unter einer vor 7 Tagen aquirirten, später
   entzündeten Abschürfung bei einem 17jährigen Glasergesellen.
2. **Abscedirung der Achseldrüsen** nach einer Schrunde am Daumen, welche
   noch etwas secernirt bei älterem Manne. Schmerz in der Achsel seit 8
   Tagen. Bei Incision dünn-flüssiger Eiter, weiss wie Rahm.
3. **Seit 8 Tagen** zunehmende Schwellung, jetzt tief liegender Abscess hinten
   oben am linken Oberarm bei 12jährigem Knaben nach einer Schrunde am
   Handrücken. Dicklicher Eiter entleert.

---

[1]) Bulletin de l'Acadamie de Méd. 2 Sér. Tome 9. 1880, p. 435.
[2]) Fortschritte der Medicin 1884, Nr. 8.

4. Grosser Abscess mit viel Phlegmone unter dem Kieferwinkel bei 13monatlichem Kinde. Schwellung seit 3 Wochen, dünnflüssiger Eiter entleert, rasche Heilung.

5. Abscedirung der präjugularen Drüsen bei 3jährigem Kind nach Scharlach. Unter starkem Fieber waren zugleich mit nephritis hämorrhagica mehrfache Drüsenschwellungen aufgetreten, aber nur die genannten Drüsen vereitert. Heilung.

6. Tiefer Weichtheilsabscess der Schulter bei 7monatlichem Kind Nachdem 11 Tage Schmerzhaftigkeit vorausgegangen war, bemerkten die Eltern Schwellung der Schulter. Ausgedehnte, tiefe Infiltration, ohne Hautröthe, dann Fluctuation, zunächst vorn vor dem Humeruskopf. Diese breitet sich dann mehr aus und ist auch hinten unter dem hintern Umfang des Akromions zu fühlen. Das Kind ist fieberhaft und recht krank. Incision und Entleerung von flüssigem, weissem Eiter, der Abscess liegt unter dem Deltoideus, umgibt das Gelenk, hat aber weder mit diesem noch mit dem Knochen etwas zu thun. Rasche, dauernde Heilung ohne Fistel.

7. Abscess mit viel Phlegmone innen am Knie seit 3 Wochen, spontan bei 13jährigem Mädchen entstanden. Enthält wenig Eiter.

8. Kleiner lymphangitischer Abscess an der Hand. Ein 20jähriger Ackerknecht hatte sich 14 Tage vorher am Dorsum der Mittelphalanx des Mittelfingers oberflächlich verletzt. Der Finger schwoll an und schmerzte. Jetzt kleiner subkutaner Abscess inmitten einer circumscripten Phlegmone auf dem Metakarpo-Phalangengelenk. Rasche Heilung nach Incision.

9 Drüsenphlegmone bei einem 12jährigem Mädchen seit 8 Tagen unter dem Unterkieferwinkel. Brettharte, rothe Schwellung. Bei Incision nur wenige Tröpfchen Eiter. Langsamer Rückgang.

10. Lymphangitische Präpatellarphlegmone bei 38jährigem Manne. Nach einer eiternden Abschürfung am Knie.

11. Lymphangitischer Abscess am Arm bei einer 59jährigen Arbeiterfrau, dessen Sitz den Cubitaldrüsen entspricht. Viel phlegmonöse Härte, wenig Eiter. Langsamer Rückgang.

C. Traubencoccus und Kettencoccus zusammen

fand ich in folgenden Abscedirungen:

1. Lymphangitischer Abscess am oberen, inneren Umfang des Oberarms bei 30jährigem Mann. Nachdem mehrfache Schrunden und Pusteln an der Hand aufgetreten waren, und nachdem von diesem aus eine Lymphangitis überstanden war, begann vor 8 Tagen die Schwellung und Abscedirung.

2. **Nach** einer Schulterresection war vom unteren Theil der Wunde ausgehend eine Phlegmone entstanden. 6 Tage nach der Resection starke
Röthe und Infiltration **bis** zum Ellbogen hin. Es schien, als handle es
sich um ein Erisipel. Eröffnung **und Entleerung** von Eiter, langsamer
Rückgang; Fieber erst nach 12 Tagen verschwunden.

3. Nach Scharlach stellte **sich**, während noch das Exanthem bestand, Ohr-
laufen und Drüsenschwellung **unter dem** entsprechenden Kieferwinkel ein.
Von hier verbreitete sich eine **3 fingerbreite derb** ödematöse Phlegmone
mit starker erysipelatöser Röthung bis zur Mitte des Halses. Fieber.
Grosse Prostration. Keine Fluctuation, keine Gewebslücke. **Trotzdem** ausgiebige Incision, bei **der sich aber** nur trüblich-seröse Flüssigkeit aus
dem subcutanen Gewebe entleert. Bei sofortiger Impfung auf F. P. A.
geht im ganzen Impfstrich **dick** der Kettencoccus auf. Dann aber erscheinen ausserdem zwischen demselben 23 gelbe Pünktchen — Culturen
von staphyl. pyog. aureus. Langsamer Rückgang, schliessliche Heilung.

D. Mikrococcus pyogenes tenuis

fand sich bei einem 16 Wochen alten Kind, Eduard Gilland. Es erkrankte vor
5 Wochen angeblich mit Brustleiden. 8 Tage später trat wiederum mässiges Fieber
auf, während das rechte Bein schmerzhaft wurde: wenigstens durfte die Mutter das
Kind während des Waschens nicht an das Bein fassen, ohne Schmerzensäusserungen
zu veranlassen. Dann bemerkte sie Schwellung am Oberschenkel, die immer
grösser wurde. Stat. praes. Verhältnissmässig colossaler Abscess, welcher **den**
ganzen vorderen, äusseren und hinteren Theil des Oberschenkels, sowie die
Glutaeengegend umfasst. Haut weder geröthet noch infiltrirt, noch wärmer anzufühlen. Der Mangel an Infiltration ist für einen acuten Abscess allerdings sehr
auffallend. Körpertemperatur nicht erhöht. Bei der Eröffnung entleerte sich
flüssiger, aber doch etwas runder, ganz geruchloser Eiter. Man **kommt mit dem**
Finger unter die Glutaeen und um den Schenkelhals, ohne dass sich eine Com-
munication mit der Hüfte nachweisen liesse, auch ist diese nach der Entleerung
vollständig beweglich. **3 Wochen später** ist Alles abgeheilt, das Kind vollständig gesund.

Schon in einer ganzen Reihe von Fällen bin ich ähnlichen
Abscessen bei Kindern begegnet, und schon einmal hatte ich
versucht, **von** einem ganz analogen, kolossalen Oberschenkel-
abscess dieser Art **bei** einem Kinde **von** wenigen Monaten
Culturen **zu** erhalten — ohne Erfolg, **wie ich** damals meinte —;

wahrscheinlich aber **habe ich** dieselben übersehen. Weitere Beobachtungen über **dieses** eigenthümliche Eitermikrobion werde ich bei den Empyemen mittheilen.

IV. Eiter aus chronischen **Abscessen**.

Ogston's Kulturen mit chronischem Eiter blieben stets steril, und Injectionen desselben bewirkten beim Versuchsthiere weder Entzündung noch Eiterung. **Der** Eiter wurde vielmehr resorbirt. O. hält daher diesen **Eiter** für rein und für frei von Organismen. Ich habe schon in meiner Arbeit über Osteomyelitis 1878, veranlasst **durch die Beobachtungen in** hiesiger Klinik, die Ansicht ausgesprochen, dass all die sogenannten chronischen (fungösen) **Knochenentzündungen,** welche nicht residuum einer **wenn auch sehr wenig intensiven,** acuten Entzündung sind, **specifisch auf** Tuberculose beruhen; natürlich muss man, namentlich bei Verallgemeinerung dieses Satzes noch einen gewissen Theil von Fällen ausnehmen, welche der Lues, dem Rotz, der Aktinomykose etc. angehören. Ich habe später eine ganze Reihe von Untersuchungen[1]) gemacht, bei denen Thieren chronischer **Eiter von fungösen Knochen-** und Gelenkentzündungen aus Congestionsabscessen in die **Knie,** Pleuren, Peritoneum, Unterhautzellgewebe injicirt wurde. **Der** grösste **Theil dieser Thiere** erkrankte dadurch lokal an exquisitester Tuberculose, und sehr häufig im Anschluss daran **auch an** allgemeiner Milliartuberculose. Diese Versuche sind **dann** von mehreren Seiten mit ähnlichem Resultate gemacht worden. Auch würde O., hätte er **seine** Thiere länger beobachtet, zu gleichem Resultate gekommen sein. **Durch** die Ergebnisse der klassischen, klinischen Bearbeitungen **V**olkmann's und König's ist der so äusserst wich**tige** Beweis geliefert worden, welcher eine neue Aera in der

---

[1]) Verhandlungen der deutschen Gesellschaft für Chirurgie. 10. Congress 1881, April. S. 79

modernen Chirurgie begründet, dass die sogenannten chronisch-
fungösen Entzündungen mit Tuberculose ätiologisch identisch
sind, welchen Koch durch den Nachweis des Tuberculose-
bacillus besiegelte. Wenn nun auch die mikroskopische Untersuchung des Eiters auf Tuberculosebacillen als solche
vielleicht häufiger negativ als positiv ausgefallen ist, so muss man,
wie Koch thut, annehmen, dass wenigstens die Keime — Sporen
derselben — in dem Eiter vorhanden sind. Das lassen schon mit
grosser Sicherheit die oben erwähnten Thierexperimente annehmen. Ich habe, bis jetzt allerdings mehr beiläufig, einige
Versuche gemacht, chronischen Eiter auf sterilisirtem Blutserum
zu züchten. In 5 Fällen erhielt ich zweimal ein vollständiges
Resultat; nämlich unzweifelhafte Tuberkelbacilluskulturen in
mehreren Röhrchen. In einem Falle verdarben sämmtliche
Kulturen, weil der Eiter verunreinigt war. In zwei anderen
Fällen blieben die Kulturen steril.

V. Abscesse und Eiterungen, ohne Anwesenheit von Mikroorganismen.

1. Bei Extirpation eines Echinococcus im Bauchraum (Netz?), bei welchem
der Echinococcensack glatt und vollständig mittelst Zangen extrahirt wurde,
fand sich hinter demselben eine dünne, aber entschieden eitrige Flüssigkeit. Ich fing sie aseptisch auf und machte auf F. P. G. und F. P. A.
eine Anzahl von Impfstichen und Impfstrichen. Kein einziger zeigte auch
nur eine Spur von Aufkeimung, trotz sofortiger Bebrütung der E. P. A.-
Kulturen bei 30—35° Cels.

2. Bei einer etwa 45jährigen Frau fand sich ein Tumor im Abdomen zwischen
Symphyse und Nabel, etwa von Grösse und Gestalt einer gefüllten Harn-
blase, beweglich den Bauchdecken anliegend, anscheinend flucturirend.
Diagnose nicht sicher zu machen. Kleine Ovarialcyste vermuthet. Bei
Incision überall entzündliche Verwachsung mit der Bauchwand. Es kommt
eine dickwandige Cyste zum Vorschein, welche beim weiteren Lösen ein-
reisst und einen nicht kleinen Theil ihres durchaus eitrigen Inhalts in das
Peritoneum ergiesst, ehe der Riss wieder geschlossen werden konnte.

Vielfache derbe, entzündliche Verwachsungen mit den Eingeweiden müssen gelöst werden, ehe es gelingt, den Sack zu entfernen. Reactionslose Heilung. In dem Sacke befindet sich ein dicker, rahmiger, zum Theil röthlicher Eiter, zum Theil auch weisser. Innen auf der Wandung des Sackes sitzen dicke Eiterplaques auf. In der Mitte liegt in dem Eiter eine grünliche fast gelatinöse Masse — der erweichte Echinococcus. — Der sofort auf F. P. A. gestrichene Eiter keimte nicht und zeigte auch mikroskopisch keine Organismen.

Diese Beobachtungen finden Analoga in eitrigen Entzündungen, welche bei Cysticercus cellulosae namentlich von den Augenärzten beobachtet wurden. Prof. Leber [1] sagt darüber: „Es ist bekannt und ich kann dies bestätigen, dass diese Entozoën (Cysticercus cellulosae) eitrige Entzündung in ihrer Umgebung hervorrufen können. Da die blosse mechanische Wirkung keine Entzündung hervorruft, und da auch hier an eine Betheiligung von Mikrobien nicht zu denken ist, so muss wohl die Annahme gemacht werden, dass diese Parasiten eine entzündungserregende Substanz absondern..." Ich selbst habe zweimal in der Muskulatur des Vorderarmes eine sehr intensive, ausgebreitete, eitrige Phlegmone durch ein Cysticercus entstehen sehen; leider zu einer Zeit noch, wo ich Untersuchungen auf Mikrobien nicht unternahm. Ob hier der Parasit an sich oder mitgeschleppte Coccen die Phlegmone verursachten, wird sich beim nächsten Fall leicht entscheiden lassen. Wenn also auch bei den mitgetheilten Echinococcenfällen die Mikroorganismen vermisst wurden, so trage ich immerhin noch Bedenken, die entzündungerregende Wirkung den Parasiten als solche zuzuschreiben, denn einmal bestehen die Echinococcen lange Zeit, ohne Eiterung hervorzurufen; ja sie können absterben und sich zu einer gelatinösen Masse umwandeln, ohne dass Eiterung auftritt; dann aber ist auch damit, dass bei der Eröffnung Mikrobien nicht gefunden werden, noch nicht gesagt,

[1] Th. Leber, Ueber die Wirkung von Fremdkörpern im Innern des Auges, International medical Congress. London 1881.

dass nicht zu gewissen Zeiten solche vorhanden waren und später ausgestorben sind. Die folgenden Untersuchungen über Sepsis werden zeigen, dass es Bacillen gibt, die Eiter erregen, dann aber sehr bald untergehen. In anderen Fällen vereiterter Echinococcen sind in der That Bacillen beobachtet, in wieder anderen Fällen beweist der Fäulnissgeruch, dass Microbien, wahrscheinlich Bacillusarten, im Spiel waren. Zweifellose Fälle von Eiterbildung ohne alle Mitwirkung von Microorganismen, habe ich nur durch das Experiment bei Thieren kennen gelernt. Orthmann erzeugte dreimal durch Injection von Terpentinöl eine ausgebreitete Abscedirung mit Bildung eines rahmigen Eiters, welcher ganz genau so aussah, wie der acute Eiter beim Menschen. Einmal verdarb die Kultur von diesem Eiter auf F. P. A. durch Verunreinigung (Heubacillus). In den beiden anderen Fällen blieben alle Impfstriche und Impfstiche steril. Mein Freund, Herr Dr. Riedel, hatte bei seinen Untersuchungen gefunden, dass dem metallischen Quecksilber, als solchem eine hochgradige eitererregende Wirkung zukomme. Ich hatte bei Untersuchungen über Osteomyelitis Quecksilber im Knochenmark allerdings in nur geringen Mengen angewandt, und dann wenig entzündungserregend gefunden, ja sogar bei einem Kaninchenbock, der Monate nach der Injection in voller Gesundheit lebte, eine Quecksilberkugel, so gross wie ein kleines Hagelkorn in einem Herzohr reactionslos eingeheilt gefunden. Ich liess nun durch Orthmann metallisches Quecksilber, auch in grösserer Menge (50 gr.) unter allen antiseptischen Kautelen einem Hunde subcutan injiciren. Es erfolgte ausgebreitete Eiterung. Der Eiter wurde auf F. P. A. geimpft, doch blieben alle Impfstriche und Impfstiche steril. Ich habe diesen Versuch noch zweimal wiederholt. Einmal mit reinem Quecksilber, das andere Mal mit Quecksilber, welchem etwas Natrium amalgam zugemischt war (um alles Oxyd zu entfernen), mit genau demselben Resultat. Meine beiden Hunde gingen zu Grunde.

Möglich, dass hieran **ausser der** verbreiteten Eiterung eine All-
gemeinwirkung **des Quecksilbers mit Schuld** hatte. **Ich** kann
somit **Riedel's Resultate voll** bestätigen. Dagegen muss ich
ganz entschieden **Councilman's** Behauptungen zurückweisen,
„**dass die** Orthmann'sche Versuchsanordnung **keine ab-**
solute Garantie dafür biete, dass **die Anwesenheit von**
Mikroorganismen in diesen Experimenten **wirklich voll-**
ständig ausgeschlossen **sei.** Der Umstand, **dass die Zücht-**
ung von dem Eiter auf Nährgelatine negativ **ausfiel, wider-**
lege die **betonte** Möglichkeit (einer **Einmischung von**
Mikrobien) **nicht, weil** bekanntlich **die** betreffenden **Orga-**
nismen nicht **in den Eiter selbst sich zu befinden brauchten,**
sondern nur im umgebenden Gewebe — **von der Schwierig-**
keit, **das Fehlen von Mikrococcen im Gewebe** mittels
mikroskopischer Prüfung zu beweisen, ganz **zu geschweigen.“**
Councilman hat offenbar Eiterkulturen, über welche er
urtheilt, niemals selbst angestellt und scheint auch die ebenso
sorgsamen als zahlreichen, mit den besten Mitteln angestellten
Ogston'schen mikroskopischen Eiteruntersuchungen nicht **zu**
kennen, welchem **es** gelang, **die Coccen in** jedem acuten Eiter
nachzuweisen. **In meinen Kulturversuchen** keimten **die Coccen**
des acuten Eiters **in jeder Kultur, ausser den zwei Echinococcus-**
Fällen. Somit **dürften ein Fehlen der** Mikroorganismen **bei**
der mikroskopischen **Untersuchung und besonders ein Steril-**
bleiben der Kulturen **bei acuten** Eiterungen sehr wichtige
Momente dafür abgeben, **die Mitwirkung von Mikrobien aus-**
zuschliessen.

VI. **Kulturen von Eiter aus** Empyemen.

1. Karl **Rotemberg, 6 Jahre alt,** erkrankte vor 14 Tagen ohne bekannte
Veranlassung, angeblich pneumonisch, wahrscheinlich aber mit Pleuritis **unter**
heftigem Fieber. Jetzt besteht ein rechtsseitiges Empyem nach dem Punktions-
ergebniss. Die Dämpfung reicht **bis zur** spina scapulae. Lebergrenze bis **etwa**

3*

6 ctm. unterhalb der Rippenbögen in der Mamillarlinie. Spitzenstoss circa
3 Finger breit nach aussen von der Mittellinie links. Bei der Operation mit
Rippenresection grosse Mengen Eiter entleert. 5 Wochen später Alles geheilt.

In den unmittelbar bei der Operation vorgenommenen
Kulturen keimte in 4 Gläsern eine Reinkultur von staphylococcus pyog. aur.

2. **Empyem nach Lungenschuss.** Theodor Alborn, fünfzehnjähriger Schüler,
schoss sich eine Stunde vor der Aufnahme in die Klinik am 2. XII. 82 mit
einer Zimmerpistole aus Unvorsichtigkeit in die rechte Brustseite. Bald darauf
wurde durch Husten ein Esslöffel Blut entleert. Stat praes. Das kleine Projectil
war 2 Finger breit nach oben und eben soweit nach innen von der rechten
mamilla eingedrungen. Etwa 4 Querfinger hoher Erguss in der Pleura. Sofort
antiseptischer Verband. 3. XII., Erguss gestiegen. 7. XII., der Erguss nimmt
die ganze Pleura ein, verdrängt das Herz und die Leber. Mässiges Fieber. Bei
Rippenresection und Pleuraeröffnung entleeren sich ca. 1000 Gr. eines kirsch-
rothen, stark stinkenden flüssigen Blutes, aus welchem ein mir nicht bekanntes
Mikrobion in sehr kümmerlicher Weise keimte und bei der nächsten Kultur ganz
ausblieb. 10. XII. entleert sich geruchloses, dünnes Secret; Temperatur 38 — 39°.
15. XII., Secret jetzt eitrig. Es werden eigenthümliche Faserstoffgerinnsel entleert, in deren Mitte sich Leinwandfasern befinden, einmal auch ein Stückchen Tuch.

Die Kultur ergibt nunmehr das Aufgehen von staph. pyog.
albus in schwacher Kultur. Später geht ein gelber Coccus auf,
grösstentheils wirklicher staph. pyog. aur.

Er verschmilzt nicht mehr mit der vorhergehenden Kultur, sondern verdrängt dieselbe in eigenthümlichen Formen (Fig. XI). Ausser diesem aber ist
noch ein anderer gelber Coccus vorhanden. 20. XII. Noch immer werden
kleine Kleidungspartikeln ausgestossen. Dann lässt das Secret allmählich nach
und es erfolgt nach etwa 2 Monaten völlige Heilung. Epicrise: Nicht ohne
Interesse ist hier das späte Zustandekommen der eigentlichen
Eiterung. Während anfangs der Bluterguss stank und auch ein
Coccus durch Kultur gefunden wurde, sehen wir doch erst 12 Tage
später eigentlichen Eiter auftreten und darin die Staphylococcen. Möglicherweise waren sie anfangs durch die Fibrin-
gerinnsel in den Zeugfetzen abgesperrt.

3. **Heinrich Brase,** 3 Jahre alt, war vor 2 Wochen an Pneumonie erkrankt,
welcher sich eine Pleuritis anschloss. Bei der Aufnahme absolute Dämpfung

bis spina scapulae, vorn bis zur dritten Rippe. Eiter durch Probepunction nachgewiesen. Herz verdrängt, **elendes** Aussehen, mässige Dyspnoe, Puls 130, k e i n
F i e b e r. Bei Eröffnung **durch Rippenresection** entleerte ich 750 cc. rahmigen,
geruchlosen **Eiters**. **Ganz** reactionsloser Verlauf. 18 Tage **nach** der Operation
bleibt das Drain **dauernd** fort, daran schliesst sich unmittelbar die vollständige
Heilung.

Vielfache Cultivirungen ergaben **ganz gleichmässig Rein-**
kulturen von Mikrococcus pyog. **tenuis**. **Ich habe sie in drei**
Generationen übertragen. **Am besten wuchs der Pilz immer**
zwischen Glas und dem **Agarkuchen und im Impfstiche**.

4. Herr Schütze, **68 Jahre alt, erkrankte vor** $1\frac{1}{2}$ Monaten **an heftiger**
Bronchitis **und war ab und zu fieberhaft**. Neuerdings auffallende **Dyspnoe**,
welche zum Nachweis **eines grossen Pleuraergusses führte**. Trotzdem **war Patient**
fieberlos. Ich bekam ihn **später zu sehen, als die Dyspnoe sehr gross, der Er-**
guss sehr **ausgedehnt war**. **Trotzdem kein Fieber**. Die Entleerung durch Rippenresection, **welche ich sofort vornahm**, ergab Erleichterung, doch erfolgte der Tod
etwa 8 Tage später bei erneuter Bronchitis durch Herzmuskelinsufficienz und
Lungenödem.

Auch hier ergaben 5 Culturen mit dem entleerten **Eiter**
auf F. P. A. alle das nämliche Resultat, **nämlich sehr schöne**
Reinzuchten des microc. **pyog. ten**., welche in vielen Generationen fortgezüchtet **wurden**.

5. H Evers, **17 Jahre alt, erkrankte** in Hildesheim nach Aussage seines
Arztes an Lungenentzündung **linkerseits**. **Am 14. Dez**. 1882, eine Woche nach
Beginn der Krankheit **zu seinen Eltern in Reinhausen** transportirt, **wurde ein**
pleuritischer Erguss constatirt, welcher rasch zu einer solchen Höhe anstieg, das
Herz stark verdrängte, dass Patient in der That der Erstickung nahe war, als
ich ihn am **24. Dez. zuerst punktirte**. Es wurde eine Waschschale seröser Flüssigkeit entleert, deren letzte Tropfen etwas weisslich-eitrige Flöckchen enthielt.
Beim Herausziehen des Troicarts waren solche in den Stichkanal gerathen, wenigstens
entleerten sich **noch** einige beim Druck darauf. Patient hatte Erleichterung, doch
keine vollständige. Offenbar war die Lunge stark infiltrirt. Auch das Fieber
fiel nicht zur Norm ab. 4 Tage später **war der** Erguss wieder ebenso hoch gestiegen; die Dyspnoe fast dieselbe. Die nochmalige Punktion entleerte auch
anfangs klares Serum, dem sich aber bald viel mehr eitrige Flocken zugesellten.
Die Einstichstelle vom vorigen Male war zu einer furunkelähnlichen Affection

geworden, welche einen phlegmonösen Hof um sich hatte. Diese Entzündung des Stichkanals kann, weil bei der Punktion alle antiseptischen Kautelen beobachtet wurden, wohl durch nichts anders
hervorgerufen sein, als durch Infection mittels der im Stichkanal steckengebliebenen Flocken. 21. I. 83 machte ich zum dritten
Male Punktion, welche diesmal reinen Eiter ergab. Auch dieses Mal hatte ich
die Punktionsstelle vom vorigen Male wieder als furunkelähnliche, phlegmonöse
Beule zu spalten. 3 Tage später machte ich die Rippenresection. Es entleerte
sich eine mässige Menge eines dünnen, weissen Eiters.

Der Eiter wurde in 5 Röhrchen in mehreren Impfstrichen
und Impfstichen auf F. P. A. cultivirt. Ueberall keimte der
strept. pyog. in Reinzucht.

Jetzt besserte sich sehr langsam der Zustand. Nur sehr langsam kam der
Appetit wieder, der in anderen Fällen sich sogleich wieder einzustellen pflegt. Als
nach drei Wochen der Zustand ein befriedigender war, trat eine Complication
mit Gelenkrheumatismus und Endocarditis auf, welche einen Klappenfehler hinter-
liess. Die Eiterung blieb trotz genügender Drainage, trotz häufigen Verbindens etc.
ganz hartnäckig in geringem Maasse bestehen. Auch die Dämpfung blieb bis
zum Schulterblattwinkel, dann bildete sich eine sehr erhebliche Scoliose des
unteren Rückenwirbels nach links aus. Später liess zwar die Eiterung nach,
doch wurde ein jeder Versuch, das Drain fortzulassen mit Verhaltung unter Fieber-
und anderen Allgemeinerscheinungen bestraft. Jetzt nach Jahresfrist ist die Scoliose
etwas zurückgegangen, die Lunge wieder theilweise functionsfähig geworden.

Wir sehen also auch bei den Empyemen alle die im Vorigen
beschriebenen Eitercoccen vertreten.

VII. Schwerere Eiterungen und Phlegmonen.

1. Perinephritischer Abscess.

Bei einem 20jährigen Manne waren vor 3 Wochen die ersten Symptome
einer Erkrankung aufgetreten, welche sich nun als ein perinephritischer Abscess
mit Senkung entlang dem ileo-psoas erwies. Mässige Flexionsstellung, mässiges

Fieber. Aetiologie unbekannt. Bei der Incision entleerte sich eine grosse Menge hefenartig riechenden Eiters mit nekrotischem Gewebe.

Die Kultur ergab eine Reinzucht des staphyloc. p. aureus. Gute Heilung.

2. Abscess im Abdomen.

Ein 14jähriges Mädchen wurde bei Gelegenheit eines Bronchialkatarrhs 12 Wochen vor der jetzigen Erkrankung in der medicinischen Abtheilung complet untersucht und dabei im Bauche nichts Abnormes entdeckt. Einige Wochen später, als Schmerzen im Unterleibe auftraten, wurde hier ein Tumor constatirt. Einige Wochen in der gynäkologischen Klinik mit Eisblasen behandelt, wurde sie schliesslich zur Eröffnung des Exsudates in die chirurgische Klinik aufgenommen. Aeusserst abgemagertes, bleiches Mädchen, Temperaturen bis 38,6. Fluktuirender Tumor, der mehr der rechten Bauchhälfte angehört und fast bis zum Nabel hinaufreicht. Durch 6 cm. lange Eröffnung des Peritoneums kam man auf eine eigenthümlich verklebte Tumormasse. Trotz tiefen Eingehens mit Sonde — kein Eiter. Wunde bis auf Drains vernäht. 20 Tage nachher kommt Eiter aus der Drainstelle, die erweiternde Kornzange kommt in einen kolossalen Abscess, welcher das ganze Becken rechts ausfüllt. Entleerung von 2 Liter röthlichen stinkenden Eiters. Knochen nirgends frei. 18 Tage später werden grosse Mengen nekrotischer, eitrig infiltrirter Gewebsfetzen herausgezogen, welche für nekrotisches Netz gehalten wurden. Rapide Erholung. Vorläufige Genesung. Später zeigte sich doch ein Darmcarcinom.

Durch die ursprüngliche Kultur wurde gelber und weisser Staphylococcus erhalten.

3. Spontane Kniegelenkseiterung.

Ein 14jähriges Mädchen, Dorette Stümpfel, aus der Glashütte Amelid, erkrankte 3 Wochen vor der Aufnahme am linken Knie ganz spontan. Das Knie wurde nämlich plötzlich ganz dick und sehr schmerzhaft, zugleich wurde Patientin appetitlos, fühlte sich sehr krank, hatte grossen Durst, trockene Zunge; kurz, sie scheint damals sehr fieberhaft gewesen zu sein. Stat. präs.: Gelenk mit Flüssigkeit gefüllt, geröthet; Weichtheile phlegmonös infiltrirt, Haut heiss. Die Frage, ob es sich vielleicht um eine gonorrhoische Affection handle (von vornherein unwahrscheinlich) liess sich in der Narkose vor der Incision mit völliger Sicherheit verneinen. Incision zu jeder Seite der Patella entleert rahmigen röthlich-weissen Eiter. Reichliche Spülung mit 5°/₀ Carbol. Drainage Lister.

Noch fast 3 Wochen nach der Incision blieb Fieber bestehen. Nach dieser Zeit hat es nachgelassen und auch die Secretion. Drains entfernt. 24 Tage später Drainlöcher geheilt, Knie beweglich, Patientin entlassen. Nachträglich soll das Knie steif geworden sein.

Die Kultur des zuerst entleerten, rahmigen, röthlich-weissen Eiters verflüssigte F. P. G. rasch. Von da auf F. P. A. übertragen, ergab sich eine Reincultur eines weissen Coccus, nämlich des staph. albus., welchen ich in diesem Falle zuerst kennen lernte. Ich habe dieses Microbion im Allgemeinen schon beschrieben, will aber die Versuche über seine Wirksamkeit bei Thieren hier anschliessen, weil die hierzu benutzten Coccen von diesem Fall stammten.

Eine Kultur vierter Generation auf F. P. A. 4 mm breit, etwa 3 cm lang, wird mit 2 cc sterilen Wassers aufgeschwemmt, und zweien Kaninchen je 0,5 cc in das rechte Kniegelenk infiltrirt. Schon am folgenden Tage hatten die Thiere die Kniee an den Leib gezogen. Die Kniee sind ringsum und auch die untere Hälfte des Oberschenkels innen erheblich infiltrirt und heiss. Die Schwellung dehnte sich am anderen Tage bis über die Inguinalgegend an der Bauchfläche aus. Nach 7 Tagen starb das erste Thier. Rechtes Knie voll von recht consistenten Eiters. Am Oberschenkel und Bauch keine Eiterung. Lunge, Niere und andere Organe normal. In Pleuren und Abdomen etwas Flüssigkeit. Die Kulturen mit dem Eiter aus dem Knie ergaben die fettesten Reinzuchten von staph. alb. Aus dem Herzblut keimte derselbe Pilz, wenn auch einzeln. 10 Tage nach der Injection erlag das andere Thier. Es war sehr abgemagert. Bei der Section, 9 Stunden nach dem Tode, fand sich das Knie durch die Eiterung sehr ausgedehnt, sowohl nach unten wie nach oben durchbrochen. Nach oben reichte der Abscess bis zur Inguinalfalte. Der Eiter war überall zwischen die Muskeln des Oberschenkels eingedrungen. Auch nach unten war die Eiterung bis zur Mitte des Unterschenkels zwischen die Muskeln der Wade gedrungen. Der Eiter hatte die Consistenz eines halbflüssigen Griesbreis und hatte den characteristischen ostermyelitischen Geruch. Am Bauch über der Inguinalgegend eine flache Eiterlage. In den sonst normalen Lungen diffus eingestreute, dunkle Einsprenkelungen. Pleuren, Peritoneum, Herz, Nieren, Leber zeigen nichts Abnormes. Milz dunkel, doch klein. Es wurde auf F. P. A. durch Impfstriche übertragen:

1. Das dunkel-geronnene Blut vom rechten Vorhof. Resultat: Reincultur des weissen Staphylococcus, welcher noch in drei Generationen in fettesten Kulturen weitergezüchtet wurde.
2. Das Blut des linken Ventrikels. Der weisse Staphylococcus geht mit Verunreinigungen auf.
3. Die eitrige Infiltration am Bauche.
4. Der Eiter aus dem Knie. Auch bei 3 und 4 resultirten üppigste Reinzuchten des staph. alb.

Die Rückübertragung in diesen beiden Versuchen beweist, indem sie Reinzuchten des ursprünglichen Coccus ergeben, dass die beschriebenen Erkrankungen durch nichts anderes als durch diesen Coccus bedingt waren. Die Kultur aus der Eiterlage am Bauche ergiebt eine Verschleppbarkeit des Pilzes durch die Lymphbahnen, ähnlich, wie wir beim Menschen nach peripheren Eiterungen subcutane, lymphangitische Abscesse entstehen sehen. Schliesslich ist durch die Blutkultur sein Uebertreten in die Blutcirculation ebenfalls bewiesen.

4. Sehnenscheiden- und Vorderarmphlegmone.

Ein 18 jähriger Kaufmann hatte nach einer kleinen Vereiterung an der Endbeugefalte des rechten Daumens eine Sehnenscheidenphlegmone bekommen, welche 8 Tage später, als ich ihn zuerst sah, auf die bursa communis und den Vorderarm übergegangen war. Die Phlegmone am Vorderarm hatte, um mit Ogston zu sprechen, einen entschieden erysipelatösen Charakter, durch die

helle Röthung der Cutis ohne viel Schwellung der unterliegenden Theile.
Patient sehr fieberhaft; ab und an deliriös; Zunge in der Mitte belegt, trocken,
an den Rändern roth; gänzlicher Appetitmangel und Apathie. Ausgiebige Incisionen entleerten verhältnissmässig wenig Eiter. Trotz dieser Incisionen, trotz
Ausspülung mit Carbol und Jodoformdrains wanderte der Process bis zum Ellbogen und machte noch viele Schnitte und Drainirungen zwischen den Muskeln
nöthig, um endlich nach 14 Tagen über dem Ellbogen zu sistiren. Völlige
Heilung, Daumensehne nicht nekrotisch.

Die Kultur mit dem zuerst entleerten Eiter ergab eine
Reinzucht des strept. pyog. Die Kulturen wurden noch lange
fortgezogen, und bis zur 7. Generation mit dem aus einem
gewöhnlichen Abscess erhaltenen strept. pyog. auf demselben
Boden parallel gezüchtet, ohne dass sich in den Kulturen und
microscopisch eine wesentliche Differenz hätte constatiren lassen
können.

5. Erysipelas-ähnliche Phlegmone am Vorderarm.

Der Diener unseres pathologischen Instituts, Linnemeyer, 45 Jahr alt, bemerkte ganz auf einmal am 9. V. 83 Abends 9 Uhr nach dem Essen beim Lesen
der Zeitung einen Schmerz am rechten Ellbogen. Er sah sich sofort nach der
Ursache um und bemerkte am Rücken des Vorderarmes unter dem Olecranon
einen etwa thalergrossen, runden Flecken, wo die Haut geröthet, infiltrirt und
etwas über das Niveau erhaben war, ohne jegliche Wunde, Stich oder Pünktchen
in der Mitte. Auch erinnert sich Patient nicht, sich irgendwie gestochen, ge-
stossen oder sonst verletzt zu haben, auch nicht von einem Insekt gestochen zu
sein. (Schon mehrmals an Leichengift schwer erkrankt, gibt er sehr Acht auf
derartige Verletzungen). $1\frac{1}{2}$ Stunden später war die Geschwulst bedeutend gewachsen
und hatte sich weiter nach der Hand zu erstreckt. Stat. praes.: Am Morgen
findet sich der Vorderarm von der Mitte bis zum Ellbogen derb ödematös geschwellt. Unter dem Ellbogen auf dem Dorsum des Vorderarmes ist eine halb-
handgrosse Stelle der Haut intensiver geröthet, derb infiltrirt wie beim Erysipel
und auch die Grenze ziemlich circumscript. Prof. König, der den Fall sah,
und wir Alle zweifelten nicht, ein Erysipel vor uns zu haben. Patient klagte
über Kopfweh, Schwindel, Abgeschlagenheit; Temp. 38,1. In den folgenden
Tagen breiteten sich Schwellung und Röthe diffus bis zum Handgelenk aus.
15. V., schwache Fluctuation am ursprünglichen Centrum, während das Allgemeinbefinden und der Appetit sich gebessert hatte. Bei Incision 15. V kamen kaum

einige Tröpfchen trüblicher Flüssigkeit zum Vorschein; doch ist das Subcutangewebe im Umfang einer **halben Hand trüblich** weiss infiltrirt und wird absterben.
3 **Incisionen im Umfang des Herdes und Drainage.** 16. V., fast kein Secret
18. V., Secretion **ganz aufgehört:** die Phlegmone welkt und zieht sich nach dem
Centrum **zurück. Patient** wieder völlig wohl. In der Folge werden Gewebsfetzen ausgestossen. Sie sind aber wenig infiltrirt, **trocken faserig und sehr
different von** den gewöhnlichen, dick-eitrig infiltrirten **Gewebsfetzen. Baldige**
Heilung.

Die Aussaat der beim ersten **Schnitt** 15. V entleerten
Flüssigkeit (mit dem Platindraht **direct aus der Wunde ent-**
nommen) ergab überall **Reinkulturen des strept. pyog.** Durch
mehrere Generationen, **in stets der nämlichen Form fortge-**
züchtet, wurde 14. IX. 83 das Mikrobion auf luftleere Kolben
mit gekochtem Eiweiss und gekochtem Rindfleisch, je 10 Gramm
mit ebenso viel Wasser übertragen. Sowohl das Eiweiss, wie
noch mehr das Rindfleisch zergingen bald, letzteres total zu
einem graubräunlichen Brei, der etwa aussieht wie durchge-
rührte Bohnensuppe; trotzdem voller Wasserhammer. Durch
Abziehen eines Impfröhrchens **von der** Flasche und Uebertragung seines Inhaltes auf F. P. A. **wurden** völlige Reinzuchten
in üppigem Wachsthum **erhalten. Es ist somit von** grossem
Interesse, zu **constatiren, dass dieser Kettencoccus,** welcher **auf**
F. P. A. so geringfügige **Culturen macht, Rindfleisch und Eiweiss**
bei Luftabschluss rasch **zergehen liess, ohne bemerkbare Bildung**
gasiger Zersetzungsproducte. **Bald nachher** 21. XI. **wurde das Glas**
mit Rindfleisch **geöffnet. Es machte sich** keine Spur von fauliger
Zersetzung **im Geruch geltend.** Derselbe unterschied sich in
nichts von dem einer guten, frischen, kräftigen Rindfleischbrühe.
Microscopisch zeigte sich, dass sich der Kettencoccus enorm
entwickelt **hatte.** Ueberall **grosse** Ketten. **Doch war** eine
grosse Ungleichheit zu bemerken in der Färbebarkeit und der
Decke der Coccen, welche nicht selten auch innerhalb derselben
Kette wechselten. Es wurden 21. XI. 83 mit dieser Rindfleisch-
kultur folgende Thierversuche gemacht. Einem Kaninchen werden

von der bräunlichen durch lockere Gaze gegebenen Flüssigkeit
0,2 cc. subcutan am Rücken injicirt. Geringe Reaction durch
ein entzündliches Oedem, welches bald wieder rückgängig wird;
später nussgrosser, circumscripter Abscess, fast wie ein chronischer aussehend. Einem zweiten Kaninchen werden 0,5 cc.
unter die Rückenhaut injicirt. Fünfmarkstückgrosse, etwas
derbe Infiltration, aus welcher sich ein orangegrosser Abscess
entwickelte. Er wurde später incidirt und aus der Cultur des
Eiters der Streptococcus wiedererhalten. Einem dritten Kaninchen wurde 0,2 cc. in die rechte Pleura injicirt. Zwei Tage
hernach entschiedene Dämpfung; später Resorption ohne Folgen.
Einem vierten Kaninchen werden 0,5 cc. in das linke Knie
gebracht. Dieses ist am folgenden Tage entschieden geschwollen
und warm, noch mehr am zweiten und dritten Tag, später wird
die Schwellung wieder rückgängig. Einer Maus werden zwei
Tropfen unter die Rückenhaut injicirt, sie blieb 14 Tage ganz
munter, später ist sie abhanden gekommen.

6. Sehnenscheiden- und Vorderarmphlegmone.

Eine 54jährige geistesschwache Person, von der die Anamnese nicht genau
zu erfragen war, hatte 3 Tage vorher erhebliche Schmerzen am linken Daumen
und an der linken Hand verspürt. Eine kleine eiternde Schrunde am Daumen
in Mitte der Phalangen-Beugefalte hatte seit einiger Zeit bestanden. Stat. praes.:
Am Vorderarm nahe dem Handgelenk an der vola befindet sich eine diffuse
mattrosa Röthung, welche ich, da Schwellung und Fluctuation noch fehlten, als
Lymphangitis auffasste. Nach 2 Tagen war indess eine Infiltration um die Beuge-
sehne in der Tiefe zu bemerken; und nach weiter 2 Tagen war die volare, untere
Hälfte des Vorderarms Sitz einer intensiven, erysipelasähnlichen Phlegmone.
Trotzdem von Fluctuation keine Spur war, machte ich am radialen Rand der
flex. carp. rad. eine ausgiebige Incision. Es entleerte sich nur wenig serös trübliche Flüssigkeit aus der bursa comm., allerdings mit einigen kleinen, weisslichen
Flocken vermischt. Temp. 40,0. Zunge trocken, roth.

Die aus der Wunde direct mit dem Platindraht übertragenen
Culturen ergeben einstimmig eine Reinzucht von strept. pyog.
mit üppigem Aufkeimen.

Am folgenden Tage Schlitzung der Sehnenscheide am Daumen, in welcher auch etwas serös-eitrige Flüssigkeit war. Trotz ausgiebiger Spaltungen und Drainagen schritt die Phlegmone fort, stieg die Temperatur Abends bis 40 und 40,8. Nachdem bis zum Ellbogen hin die intermuskulären Eiterungen mit grossen Incisionen und Drainagirungen verfolgt waren, ging die Temperatur allmählich mehr herunter, doch immer noch nicht zur Norm. Da die Patientin immer elender wurde, das Handgelenk zerstört war und crepitirte, wurde ihr die Ablation vorgeschlagen, um der Pyämie vorzubeugen (17 Tage nach der ersten Incision), in welche sie indess nicht willigte.

Ich machte an demselben Tage in 3 F. P. A.-Röhrchen Impfstriche mit dem Blute der Patientin, welche sämmtlich ohne Resultat blieben.

Patientin genass nach schwieriger Reconvalescenz mit steifer Hand.

Ohne Schlüsse ziehen zu wollen, dürfte doch das Zusammentreffen des Sterilbleibens der Blutkulturen mit der Wendung zur Besserung nicht ohne Interesse sein; namentlich im Vergleich mit dem umgekehrten Verhalten bei perniciösen Pyämiefällen im folgenden.

7. Penetrirende Kniewunde bei einem Kinde.

Die Eltern brachten dasselbe erst in die Klinik, nachdem das Knie schon längere Zeit geeitert hatte und ringsum stark phlegmonös war. Die Culturen zeigten sowohl Kettencoccus als Traubencoccus.

8. Vereiterung einer Patellarfractur.

Ein Brauerbursche stiess beim Versuch, über eine Mauer zu springen, mit der Kniescheibe gewaltsam gegen dieselbe. Die Kniescheibe war gebrochen; die untere Hälfte derselben in mehrere Trümmer zersprengt. Geringer Bluterguss. Am folgenden Tage Patellarnath unter allen Kautelen, aber mit grosser Korona von Klinicisten. 6 Tage später Verbandwechsel wegen Fieber. Oberer Recessus voll Eiter. Incision, Drainage.

Die Kulturen auf F. P. A. ergaben Staphylococcus und Streptococcus. Bei einem der Impfstriche keimte auf der ersten kleinen Hälfte der staph. pyog. aur. mit strept., in der zweiten war nur Letzterer in 26 Pünktchen aufgegangen.

Die phlegmonöse Eiterung senkte sich zwischen die Oberschenkelmuskulatur und drang trotz vielfacher Drainage bis zur Inguinalgegend, wo sie 12 Tage nach der Operation nach Extraction eines grösseren nekrotischen Stückes der Kniescheibe zum Stehen kam.

VIII. Unterschiede im klinischen Bild der Phlegmonen und Eiterungen je nach dem veranlassenden Microbion.

Ich bitte desshalb hauptsächlich noch einmal den Leser, auf das mitgetheilte klinische Material zurückzublicken, weil ich jetzt auf die Frage zurückkommen muss, ob sich in den Krankheitserscheinungen ein Unterschied nach den sie veranlassenden Mikrobien auffinden lässt.

Das Vorkommen der verschiedenen Mikroorganismen vertheilte sich also folgendermassen:

Staphylococcus allein	16 Mal
Streptococcus allein	15 Mal
Staphylo- und Streptococcus . .	5 Mal
Micrococcus tenuis ·	3 Mal.

Bei den einfachen Abscessen ergibt sich ein constanter in die Augen fallender Unterschied nicht. Das ist nicht zu verwundern, denn die Abscesse kommen meistens, wenn sie fertig gebildet sind, zur Beobachtung. Dann ist aber die eigentliche Krankheit, die Invasion, längst vorüber. Betrachten wir dagegen die Phlegmone, so machen sich hier allerdings Unterschiede geltend, welche mit Ogston's oben citirten Beobachtungen sehr übereinstimmen. Es zeichnen sich nämlich die drei Fälle von Phlegmonen, welche durch Streptococcus und zwar durch diesen allein bedingt wurden, durch einen, wenn man so will, Erysipelas-ähnlichen Charakter aus. Am meisten thut das der Fall Linnemeyer. Anfangs, als Erysipelas diagnosticirt, musste doch 6 Tage später incidirt werden in einen Herd; und danach ging dann die Phlegmone ohne wesentliche Eiterabsonderung zurück. Auch Fall 4 zeigte solche erysipelatöse

Schwellung mit starker Allgemeinaffection, verhältnissmässig wenig Eiterbildung **und Gewebsnekrose.** Fall 6 zeigte denselben Charakter. Nach 7tägiger Röthung und **geringer** Schwellung am **Vorderarm, welche ich Anfangs als Lymphangitis** deutete, wurde indicirt, ohne dass mehr als einige Tropfen trübliche Flüssigkeit herauskam. Auch **bei** den Empyemen **muss** das durch Streptococcus bedingte auffallen; **auch hier sehen** wir langsame Eiterbildung. Zuerst **wird nur Serum mit wenigen** weissen Flöckchen entleert, **ebenso nach** 4 **Tagen, und erst** nach 11 Tagen **ist wirklicher Eiter** vorhanden. Auch das langsame Abfallen des Fiebers, das **langsame Zurückgehen der Lungen-** infiltration, **dann, dass der Fall** überhaupt ein Jahr zur Heilung **brauchte — könnte man als Besonderheit anführen.** Auch **dürfte ich auf die an den Punktionsstellen entstandenen** kleinen Phlegmonen **aufmerksam** machen, welche doch eine nicht geringe **Infectiosität** der steckengebliebenen eitrigen Pfropfen voraussetzen. Natürlich sind diese nach wenig Fällen gemachten Annahmen durch weitere klinische Beobachtungen **zu** prüfen, umsomehr als die Beobachtungen an Thieren hier auf Schwierigkeiten stossen. Falls sich diese Unterschiede in der That weiter bestätigen, müssen wir dem strept. pyog. besondere Eigenschaften zuschreiben, welche **sehr wohl mit den** oben citirten **ana-** tomischen Beobachtungen Ogston's über die verschiedene **Art** und Weise der Invasion des Streptococcus und des Staphylococcus übereinstimmen. Die wichtigste dieser Eigenschaften des Streptoc. ist die, in lebenden Gewebe lange Zeit vorzudringen, dasselbe zu durchwachsen und darin weiter zu leben, ehe es eitert und zu Grunde geht. Es muss somit die eiterbildende, destruirende Eigenschaft schwächer sein und langsamer wirken, wenn sie auch schliesslich nicht ausbleibt. Diese Eigenschaft, in lebende Gewebe vorzudringen, ohne Destruktion und Eiterung zu veranlassen, kommt nun **auch** dem Erysipelpilz in ausgeprägter Weise zu. Er vermag sich auf weite Strecken durch lange Zeit im lebenden

Gewebe zu verbreiten und darin zu leben, ohne dass er je zu
einer Eiterung oder zu einer anderen als mechanisch bedingten
Necrose führte. Ich glaube wohl, dass diese Aehnlichkeit in
der Wirksamkeit einer Verwandtschaft der beiden Kettencoccen
entsprechen mag. Doch mehr als eine Aehnlichkeit ist weder
bei den Wundprocessen noch bei den Coccen vorhanden. Nach
Fehleisen's schönen Beobachtungen kann keine Rede davon
sein, dass auch einmal ein Eitercoccus Erysipel machen
könnte und auch umgekehrt schwerlich, dass der Erysipelcoccus Eiterung verursachen könnte. Doch liegen mir Beobachtungen vor, welche mich vermuthen lassen, dass sich mit einem
Erysipel gern der strept. pyog. vergesellschaftet und in den
Körper dringt, und so einmal unter der vom Erysipel ergriffenen
cutis eine Eiterung veranlassen, ja auch Allgemeininfection —
sogar Matastasen und Pyämie — bewirken kann. Auch in den-
jenigen Fällen, in denen das Erysipel über ein Gelenk, z. B.
ein Knie, hinzieht, und eine eitrige Gonitis veranlasst, glaube
ich, dass dies nicht vom Erysipelpilz, sondern vom Eiterkettencoccus herrührt. Weniger Charakteristisches ergibt das Mitgetheilte betreffs der Staphylococcen. Auch sie können hochgradige, auch weiterschreitende Phlegmonen bedingen, die möglicherweise einen akuteren Charakter zeigen, jedenfalls aber recht
viel leichter und rascher die Tendenz zu eitriger Destruction
haben. Der Pilz scheint allerdings bedeutendes Vermögen zu
haben, in lebendes Gewebe einzubrechen, aber viel weniger die,
dasselbe zu durchwachsen und in demselben fortzuleben, ohne
dasselbe zu zerstören.

Der microc. pyog. ten. scheint mehr nur eine örtlich eiterbildende Eigenschaft zu haben, während er Fieber nur zu Anfang und wenig, Pflegmone kaum hervorruft. Wir sehen ihn
in Fall Gilland bei einem kleinen Kind in einem enorm grossen
Abscess allein auftreten. Der Verlauf muss als ein sehr unschuldiger bezeichnet werden. Auch in zweien der Empyeme

tritt er allein auf. **Beide** sind wenigstens in ihrem weiteren Verlaufe ohne **Fieber.** Der **eine** heilte rapid, beim Andern trugen nur die Complicationen **Schuld am** lethalen Ende.

Ich verzichte darauf, einzelne Beobachtungen **über das Eindringen der** Coccen, über die Einschmelzung des **Gewebes,** über Peptonbildung bei der Eiterung etc. **an dieser Stelle mitzutheilen,** da ich hoffe, dies im Zusammenhange **in der Folge** thun zu können und da **diese Arbeit wie gesagt nur dazu bestimmt** ist, eine Orientirung **über die Mikroorganismen der in** Rede stehenden **Infectionskrankheiten** anzubahnen.

IX. Acute Osteomyelitis.

Mit Rücksicht auf meine vorläufige Mittheilung im Centralblatt [1]) kann ich mich hier kürzer fassen. Pasteur[2]) cultivirte in einem Fall acuter Osteomyelitis der tibia mit dem aus dem Knochenmark entleerten Eiter Coccen „par couples de deux et quatre grains et par paquets de ces mêmes grains." Er hält diesen Coccus für identisch mit seinem Furunkelcoccus und nennt die Osteomyelitis eine Furunkel des Knochenmarkes! Schüller konstatirte Coccen bei der Osteomyelitis und Ogston [3]), welcher auch nur einen Fall **beobachtete,** fand als **nosogenes** Microbion: staphylococcus. Wie ich in jener vorläufigen Mittheilung, welche durch die von Seiten des Reichsgesundheitsamtes[4]) veranlasst wurde, anführte, habe ich seit Ende 1881

---

[1]) Centralblatt für Chirurgie Nr. **5, 1884,** S. 65.

[2]) l. c.

[3]) A. Ogston, Micrococcus poisoning. Journal of anat. and physiol. 1882. Vol. XVII. Part. **I, p. 47. Oct.**

[4]) Deutsche med. **Wochenschr.** 1883, Nr. 46.

Züchtungen mit osteomyelitischem Eiter in ziemlicher Zahl unternommen. Sie geschahen mit all den besprochenen anti-septischen Kautelen, zuerst auf F. P. G., sodann auf F. P. A., erstarrtem Blutserum, Kartoffeln etc. Wie im Centralblatt her-vorgehoben, erhielt ich mit einer Ausnahme ein und dasselbe Microbion, welches sich aber in allen Stücken genau so ver-hielt, wie der beschriebene staph. pyog. aureus: Regelmässig erschien nach 24 Stunden oder später, auch wohl früher bei 30—38° Bebrütungswärme eine opakweissliche Kultur, welche die Gelatine bald verflüssigte, zu Boden sank und später einen roth-gelben, pulverigen Bodensatz bildete. Agar und Blutserum wurden nicht verflüssigt. Der weisslich-gelbliche Strich wird breiter und gelber bis orange und ist undurchsichtig wie gelbe Oelfarbe, spiegelt auf der Oberfläche. Ganz ähnlich wächst die Kultur auf erstarrtem Serum und auf Kartoffeln. Diese nehmen den Geruch nach verdorbenen Sauerteig an, thun das in genau derselben Weise aber auch, wenn man darauf den staph. aur. z. B. von Furunkeln säet. Ueberhaupt theilt mancher acute Eiter diesen Geruch; selbst bei einem Empyem (Fall Evers) fand ich ihn zu meiner Enttäuschung, wiewohl dieser Eiter eine Reinzucht des strept. pyog. keimen liess. Auch bei der mikro-skopischen Untersuchung fand ich völlige Uebereinstimmung der gelben Coccen von den Osteomyelitis-Fällen unter sich und mit denen von andern Eiterungen. Zwar sind die Coccen nichts weniger als gleich gross, aber ich habe auch hier mit Hülfe des Winkel'schen Zeichenapparates Vergleichungen angestellt zwischen Kulturen nach 2mal 24 Stunden und Monat-alten. Erstere sind sehr gleichmässig und entsprechen der Grösse und Anordnung nach vollständig. Fig. 1. Die alten Kulturen sind ungleichmässig, meistens herrschen neben zerfallenen Coccen dickere Formen vor, deren Grösse in Fig. 2 wiedergegeben ist, doch sind bei den alten Kulturen auch kleine Formen neben den grossen vorhanden, welche ich mir auch hier als jüngeren

Nachwuchs gedeutet habe. Der Microorganismus der Osteomyelitis hat die Eigenschaft, im luftleeren Raum (wahrscheinlich auch bei Luftzutritt) sowohl Eiweiss als gekochtes
Rindfleisch im Verlauf von einigen Wochen zu zersetzen. Er-
steres zergeht fast vollständig ohne alle Gasbildung, ohne jeg-
lichen Fäulnissgeruch. Die vom Eiweiss befreite Flüssigkeit
ist sehr reich an Pepton. Auch das Rindfleisch zerfällt in
Wochen zu einem kurzfaserigen, hellröthlichen Brei, ohne Gasbildung, ohne Fäulnissgeruch. Die Coccen sind in den zer-
gangenen Nährmedien in Menge zu finden. Die schon genannten
Beobachtungen der langen Lebensdauer der Eitercoccen wurden speciell mit solchen von Osteomyelitisfällen angestellt. Eine
16. X. 81 von einem typisch Osteomyelitischen gemachte Ei-
weisskultur ohne Luftzutritt wurde 6. X. 82 auf F. P. A. geimpft.
In jedem Impfstrich keimte die goldgelbe Reinkultur Am 11.
IX. 83 wurde aus demselben Kolben mit demselben Resultate
geimpft. Der staph. alb. steht dem nicht nach. Von dem einzigen Falle, in welchem er bei Osteomyelitis allein keimte, war
er 30. IX. 80 zunächst auf Rindfleisch übertragen, welches, wie
bei staph. aur., zerging. Von diesem Kolben habe ich kürzlich
(Anfang 1884) das letzte abziehbare Impfröhrchen auf Agar
übertragen und üppige Kulturen erzielt. Uebrigens kommt es
dabei nicht auf den Luftabschluss an. Eine Anfang 1883 er-
neute Kultur von staph. aur. eines Lippenfurunkels fand ich
Anfang Januar 1884 total eingetrocknet. Der das 20 mm weite
Glas ausfüllende Agarcylinder war auf 7 mm eingetrocknet,
hatte die Consistenz von Parafin angenommen und roch wie
alter Leim (wie alte Lister'sche Verbände). Die ursprüngliche
Kultur war nur noch in der Mitte als etwas duffere Stelle
kenntlich. Trotzdem bewirkten Januar 84 diese Flecke, allerdings mit sehr reichlichem Auftragen auf F. P. A. überimpft.
Kulturen des gelben Eitercoccus. Wir sehen oft genug, dass
nach einer im jugendlichen Alter mit oder ohne Aufbruch über-

4*

standenen Osteomyelitis im späteren Alter, nach 10—20—30
Jahren und später, an der ursprünglichen Stelle Symptome cen-
traler Knochenentzündung auftreten, und entleeren durch Auf-
meisslung einen Knochenabscess, ohne oder mit einem kleinen
Sequester. Ich möchte glauben, dass allerdings die Staphylococcen so lange leben können, um nach so viel Jahren bei irgend
einer Gelegenheit in neuer Kultur als Entzündungserreger —
Eitercoccen — aufzutreten.

Wie erwähnt, habe ich den gelben Staphylococcus unter
15 Osteomyelitis-Fällen 14mal angetroffen, darunter 1mal zusammen mit dem staph. alb., 1mal mit dem strept. pyog. In
dem einen übrigbleibenden Falle war nur der staph. alb. zu-
gegen. Ich halte es für überflüssig, sämmtliche Osteomyelitis-
fälle, von denen ich Kulturen entnahm, mitzutheilen. Ueber den
Fall, bei welchem ich nur den weissen Coccus erhielt, möchte
ich bemerken, dass er klinisch ein durchaus typischer war.
Der Eiter wurde zuerst auf gekochtes Rindfleisch übertragen,
und von da aus allerdings erst nach 5/4 Jahren auf F. P. A.
Der Fall, in welchem Staphyl. aureus und albus zugleich keimte,
ist folgender:

Stud. von Domeyer. Nach Operation eines acut osteomyelitischen Sequesters
an der Ferse vor längeren Jahren wurde Patient hier an einem oft repetirenden
Erguss im rechten Ellbogen behandelt, welcher bedingt war durch einen osteomyelitischen Herd im humerus nahe dem Gelenk und zwar zuletzt im Jahre
1881. Am Arm ist bis jetzt nie eine Eröffnung gemacht worden, auch nie ein
Aufbruch erfolgt. 22. III. 83. Einschnitt auf den im unteren Drittel verdickten
humerus an der Vorderseite auf eine weiche Stelle. Man kommt in eine kleine
Höhle, welche Granulationen, einige Tröpfchen Eiter und ein kleines Seques-
terchen enthält; ein weiterer Gang oder Herd lässt sich von hier aus nicht entdecken.

Im Impfstrich auf F. P. A. gingen weisse und gelbe
Pünktchen bunt durcheinander auf.

Auch den Fall, in welchem neben dem gelben Staphylococcus auch der Streptococcus keimte, will ich kurz anführen.

Ein 13jähriger **Knabe aus** Heiligenstadt erkrankte 8 Tage vor der Aufnahme ganz acut mit Fieber und Schmerzen in der rechten Hüftgegend in der Schule, nachdem **er sich noch ganz** munter in dieselbe begeben hatte. Seitdem besteht andauernd hohes Fieber, welches einmal (vier Tage nach Beginn der **Krankheit) sogar 42^n** C. (im rect. gemessen) erreichte. In den letzten **Tagen traten heftige** Delirien auf. Patient war höchst selten bei Besinnung, **klagte in** freien Augenblicken über Schmerzen in **der** rechten Hüftgegend, in der rechten Schulter, dem linken radius etc. Stat. praes.: 27. 1. 83, stark fieberhaft **delirirender** Knabe. Zunge sehr **trocken, Puls 130; Respiration 50; rechte In**guinalfalte etwas mehr verstrichen **als links.** **Schwellung der rechten, hinteren** Hüftgelenkgegend; Abscess **nicht nachzuweisen.** Vielleicht ist auf der rechten Darmbeinschaufel **etwas Schwellung. Druck auf den rechten humerus** nahe der Schulter, schmerzhaft. **Auch in der Mitte des Radius ist eine schmerzhafte Stelle.** Nirgends ist ein Abscess **zu finden. Das rechte Bein ist nicht verkürzt, leicht** aussen rotirt, Bewegungen desselben rufen Schmerzäusserungen hervor. 6. II. 83. Ausser einem unbedeutenden, rasch abgelaufenen Erysipel der linken Hinterbacke **ist der Zustand** bei andauerndem, hohen, typhösen Fieber ohne Morgenremission **im Wesentlichen** derselbe geblieben. Die Schwellung in der rechten Inguinalfalte ist **wohl** etwas stärker geworden, aber weder dort noch sonstwo lässt sich ein Abscess oder eine Knochenschwellung nachweisen. Auch die Schmerzhaftigkeit lässt sich zu einer Herddiagnose nicht verwerthen, da Patient auf Druck ziemlich überall Schmerz angibt. Die geringe Schwellung auf der rechten Darmbeinschaufel ist auch dieselbe geblieben. **Patient war in den** letzten Tagen bei Bewusstsein. Im **Urin stets eine geringe Menge Eiweiss.** Stuhl ziemlich regelmässig aber diarrhöisch. **8. II. Jetzt zeigt sich, dass** doch **ein Abscess auf der Darmbeinschaufel vorhanden ist, der sich auf den** Oberschenkel **erstreckt und in** der Leiste eröffnet **wird. Das rechte Darmbein liegt innen völlig frei da. Im** Eiter etwas Fettperlen.

Auf F. P. G. gestrichen, trat bald Verflüssigung ein. Mikroskopisch zeigte sich neben Staphylococcus sehr reichlicher Kettencoccus.

11. II. Das unmittelbar nach der Operation **jäh** abgefallene Fieber ist jetzt so hoch **wie vorher und** ohne Remissionen. Da Patient den Verband stets beschmutzt, ist **etwas Geruch in den Eiter gekommen.** 17. II., Temperatur in gleichbleibender Höhe. Steigende Pulsfrequenz. Eiter bei häufigem Verbandwechsel wieder geruchlos geworden. Es sind wieder Delirien und Muskelzuckungen aufgetreten. Tod am folgenden Morgen.

Bei der Obduction fand sich eine osteomyelitische Nekrose **eines grossen Theils der** Darmbeinschaufel mit Vereiterung des Hüftgelenks, veranlasst durch **einen perforirenden Pfannensequester.** Vereiterung der articul. sacroiliaca, ferner Thrombophlebitis der **rechten vena hypogastr.** und iliaca communis. Zahlreiche metastatische **Herde in beiden Nieren;** sowohl in der Rinden- als in der Marksubstanz. Metastatische **Abscesse, deren embolischer Ursprung** nachgewiesen wird in grösserer Anzahl in **beiden Lungen. Eiterung um die** Schilddrüse und im Gewebe um die Speiseröhre.

Infectionsversuche mit dem gelben osteomyelitischen Coccus.

Schon mit der ersten Reinkultur, welche ich von diesem Mikrobion erhielt, injicirte ich Kaninchen in die Blutbahn, in der Hoffnung, so die acute Osteomyelitis zu erzeugen, doch blieben alle diese Versuche ohne Resultat. Als mir dann mehr und mehr die Identität dieses Coccus mit dem gelben Eitercoccus plausibel geworden war, habe ich ihn auch in Bezug auf seine eitererregende Wirksamkeit untersucht. Eine 0,5 ctm. breite, 8 Tage alte goldgelbe Kultur von einem typischen Osteomyelitis-Falle wurde mit 20 CC. Wasser aufgeschwemmt und davon einem Kaninchen in jedes Knie 0,5 CC. injicirt; einem anderen 0,5 CC. in die rechte Pleura. Das erste Thier war nach 24 Stunden verstorben. In beiden Knien war die Synovialis stark geröthet, mit einzelnen dunklen, schwarz-rothen Parthien. An den Oberschenkeln innen, in der Leiste und am Bauch ist beginnende Infiltration mit starker Ausdehnung der venösen Gefässe und kleinen hämorrhagischen Infarcten, sonst nichts Abnormes. Impfstriche auf F. P. A. mit dem Herzblut und der Infiltration der Inguinalgegend ergaben überall Kulturen des goldgelben Coccus in Reinzucht.

Nach 3 Tagen war auch das andere Thier gestorben. Beim Abziehen der Haut fand sich das Subcutangewebe der rechten Thoraxhälfte durch ein entzündliches, aber nicht trübes

Oedem infiltrirt. Die in diesem Oedem eingebetteten Achseldrüsen sind entschieden geschwellt und sehr blutreich. Links
kein Oedem. In der rechten Pleura etwas freie, trübe, röthliche Flüssigkeit, Pleura costalis und plulmon. von einer ziemlich
dicken, eitrig-fibrinösen Schichte bekleidet. Lunge grau-röthlich
infiltrirt, fast überall verdichtet. In der linken Pleura etwas
röthliche Flüssigkeit mit Fibrinflöckchen. Die Lunge zeigte
beginnende Verdichtung. Im Bauchraum etwas röthliche
Flüssigkeit, Milz gross. Impfstriche auf F. P. A. von dem
Achselödem und dem Inhalt der rechten Pleura ergeben überall
Reinzucht des gelben Coccus.

Da sich der Coccus so sehr deletär bei Kaninchen zeigte,
wiederholte ich die Versuche mit zwei Hunden. Eine Reinzucht von einem typischen Osteomyelitisfalle der Kniescheibe
wurde ebenfalls mit 2 CC. Wasser aufgeschwemmt und davon
einem Hunde in das rechte Knie 0,75 CC., dem anderen 1 CC.
in die rechte Pleura injicirt. Letzterer wurde schon am folgenden Morgen todt gefunden. In der Pleura war etwas röthlich-
fibrinöse Flüssigkeit. Der andere Hund war sehr krank, rührte
sein Fressen nicht an und trat nicht auf das rechte Bein. Am
folgenden Tage war Knie, Oberschenkel und Inguinalgegend
von einer harten, rothen, sehr schmerzhaften Phlegmone ein-
genommen, 2 Tage später grosser Abscess innen am Oberschenkel, der sich nach einigen Tagen spontan entleerte, während
die Phlegmone zurückging. Der Hund genas dann. Bei der
Section 10 Tage später zeigte sich, dass das Knie ziemlich
intact geblieben war. Bis auf eine kleine Stelle, an welcher
wahrscheinlich die Injectionsnadel eine Verletzung des Knorpels
bewirkt hatte, war der letzte erhalten und glatt. Hier fehlte
er in kleinem Umfang, ohne dass der frei liegende Knochen
irgend afficirt war.

Dem gegenüber habe ich nun mit Kulturen des staph.
pyog. aur., erhalten von Patienten mit Lippenfurunkeln, die

vom Reichsgesundheitsamte mitgetheilten Versuche nachgemacht, Osteomyelitis zu erzeugen **bei** Fractur oder Quetschung des Knochens nach gemachter **Injection.** Abgesehen von den durch die **Coccenvergiftung zu früh erfolgten** Todesfällen **w a r e n d i e s e V e r s u c h e e r f o l g r e i c h :** Bei 4 Kaninchen wurde, nachdem **die** eine **Tibia** zweimal 24 Stunden vorher gequetscht respektive frakturirt **war, eine in sterilisirtem** Wasser aufgeschwemmte **Reinkultur von** staph. pyog. aur. **a u s** e i n e m Furunkel **in eine Ohrvene** injicirt. Die Kultur stammte durch viele **Generationen** von der vor Jahresfrist erhaltenen Originalkultur. **2** Thiere starben **früh** an Herzfleisch- und Nierenembolieen. Die beiden **anderen** zeigten schon nach 8 Tagen **einen** nachweisbaren Abscess an der Quetschungsstelle. Am 13. und 14. Tage nach der Injection waren sie gestorben. Beide Thiere zeigten Nierenembolieen. Bei dem einen war der Abscess an der Frakturstelle schon vorher durchgebrochen. Das **Mark war vereitert. Das andere** Thier wurde kaum 2 Stunden **nach dem Tode** secirt. **In dem Abscess war** dünnbreiiger, **grütziger Eiter; das Knochenmark nach oben 2** cm weit, nach unten bis fast zum Carpalgelenk vereitert. Die mit dem Eiter gemachten Impfstriche ergaben eine Reinkultur von staph. pyog. **aur.** Bei 3 anderen Kaninchen wurden, nachdem drei mal 24 Stunden vorher die Knochen gequetscht, respektive fracturirt **waren, 0,3** — 0,4 CC der Aufschwemmung einer kleinen **Kultur, von dem** zweiten der beiden erwähnten L i p p e n - f u r u n k e l n stammend, in die Ohrvenen injicirt. Die Aufschwemmung war, **um Embolieen zu** vermeiden, durch eine vierfache, sterilisirte Mulllage filtrirt. Leider hatte auch dies nicht genügt, denn nach **3 Tagen starb schon ein** Thier an Nierenembolieen und consecutiver Peritonitis.

Das zweite starb nach 9 Tagen; **auch** hier waren Nierenembolieen. Die frakturirten Knochenenden waren weithin vom Periost **entblösst, das** Knochenmark **in** weiter Ausdehnung

gelblichweiss gefärbt — im Beginn der Vereiterung — die
Weichtheile **in der Umgebung** matsch, aber ohne Abscedirung.
Das dritte Thier **zeigte am** 12. Tage nach der Injection einen
gehörigen **Abscess,** wie ich meinte. Am 30. **Tage** getödtet,
fanden **sich** die Knochenenden nekrotisch, von jenem Erguss
umgeben, welcher indess keinen eigentlichen Eiter, **sondern mehr**
trüblich-seröse Flüssigkeit enthielt. Doch keimte **aus derselben**
der rothe Traubencoccus. Ausserdem **aber** zeigte **das Thier**
eine Vereiterung des Kniegelenks der andern Seite und eine
ausgedehnte eitrige Infiltration der Wadenmuskulatur. **Es stellte**
sich somit bei den 4 Thieren, welche die Cocceninjection **länger**
überlebten, **eine acute Osteomyelitis ein,** wie sie **im Reichsgesundheitsamt mit dem** aus osteomyelitischem Eiter gezüchteten
gelben **Coccus erhalten wurde.** Ich habe ausserdem seit der
Veröffentlichung des Reichsgesundheitsamts vergleichende **Kul-**
turen angestellt, indem ich den gelben Coccus von zwei typischen Osteomyelitisfällen unter genau den nämlichen Umständen
parallel züchtete mit den von den beiden genannten Lippenfurunkeln erhaltenen Kulturen und zwar auf Röhrchen, die von
der nämlichen **Portion F. P. A.** beschickt **waren und in der-**
selben Temperatur nebeneinander lagen. Ferner züchtete ich
auf Kartoffeln, **so dass die Hälfte derselben Kartoffel je einem**
Osteomyelitis- und einem Furunkelfall **als** Nährboden **diente,**
ohne irgend einen Unterschied, **sei es in** Farbe, Aussehen,
Wachsthum, Geruch u. s. w. konstatiren zu **können.** Ich glaube
somit die Identität des osteomyelitischen Coccus mit dem staph.
pyog. aur. der gewöhnlichen Eiterung mit noch grösserer Sicherheit behaupten zu können, als ich es in der vorläufigen Mittheilung im Centralblatt für Chirurgie gethan habe. Diese Versuche sind inzwischen durch die Krause's [1]) bestätigt, denen ich leider in letzter Correctur nicht gebührend Rechnung tragen kann.

---

[1]) l. c.

X. Sepsis.

Einleitung.

Es wird wohl Jedem, welcher die Literatur der letzten Jahre über diesen Gegenstand verfolgt hat, aufgefallen sein, dass man augenblicklich unter dem Namen „Sepsis" Krankheitserscheinungen zusammenfasst, welche aetiologisch wie klinisch sehr verschieden sind. Abgesehen davon, dass Manche den Namen „septisch" sehr allgemein gebrauchen für eine jede faulige, selbst für ganz leichte, putride Beschaffenheit einer Wunde, so halten die Kliniker den Namen „Septicämie", Septhämie, Sepsis etc. jetzt wie von jeher für bestimmte schwere Allgemeinerkrankungen aufrecht, welche meist zu faulenden Wundherden hinzutreten. In Gussenbauers letzter Bearbeitung der Septhämie, Pyohämie und Pyosepthämie wird die Erstere definirt „als jene Allgemeinerkrankung des Körpers, welche durch die Aufnahme von Fäulnissprodukten in den Kreislauf entsteht und sich durch eine bestimmte Art von Blutveränderung eine typische Reihe von Entzündungsprozessen und ein continuirliches Fieber mit eigenthümlich nervösen Erscheinungen und kritischen Ausscheidungen auszeichnet."

Um den klinischen Begriff und das Bild dieser Erkrankungen zu zeichnen, würde ein sehr viel näheres Eingehen nothwendig sein. Hier, wo es sich um die Mittheilung von Beobachtungen über Mikroorganismen-Befunde und Wirkungen bei Fällen menschlicher Sepsis handelt, muss ich dies als bekannt voraussetzen und mich darauf beschränken, über den ätiologischen Standpunkt der jetzigen Lehre von der Sepsis diejenigen Punkte hervorzuheben, welche im Folgenden in Betracht kommen. Früher war die Aetiologie der Sepsis ein einfaches Kapitel. Selbst zu einer Zeit, in welcher die Vorstellung über ein Contagium animatum als Ursachen der Infectionskrankheiten schon verbreitet genug waren, erschienen die Krankheitssymptome, welche man nach Aufnahme fauler Stoffe in das Blut beob-

achtete, so **selbstverständlich**, dass man sich über den Modus
der **Krankheit nicht weiter fragte**. Die experimentellen Ein-
verleibungen faulender Stoffe in die Gewebe von Thieren er-
brachten auch direkt den Beweis für diesen Zusammenhang,
indem **sie zu** ähnlichen Erkrankungen beim Thier führte, welche
man ebenfalls Septhämie, Sepsis, **auch** putride **Intoxikation**
nannte. Aber schon unmittelbar **an diese Versuche schlossen**
sich weitere, sehr wichtige Resultate **P a n u m's u. A.** an, welche
die bestehende Lehre sehr complicirten. Hatte man in der Gähr-
ung wie in der Fäulniss Processe kennen gelernt, welche durch
die Lebensthätigkeit niederer Organismen angeregt und unterhalten werden, und **hatte man** folgerecht inzwischen diese auch
bei der Sepsis in den lebenden Geweben als thätig angenommen,
so zeigten die erwähnten Versuche, dass sich ganz analoge,
septische Erkrankungen beim Thier experimentell herstellen
lassen durch Injection gekochter Faulflüssigkeiten, also ohne
Mitwirkung lebender Organismen. Die Kenntniss der septisch
wirksamen nicht belebten Stoffe ist bis heute in der Lehre
von den Sepsinen, Ptomaïnen **etc.** wesentlich vorgeschritten.
Verschiedene derartige Stoffe **sind** theils aus faulenden Ge-
mischen, theils auch aus Leichen septisch Gestorbener dargestellt, wenn auch die nähere Kenntniss **der Körper, ihrer chemi-**
schen Constitution, toxischen Wirksamkeit, etwaigen Zusammenhang's mit bestimmten Mikrobien **etc.** etc. zur Zeit noch **sehr**
in ihren Anfängen begriffen ist. Dem gegenüber haben nun
K o c h und seine Schüler Sepsisformen experimentell kennen
gelehrt, welche ganz anderer Art sind. Sie bestehen in der
Infection **durch** ganz bestimmte Mikrobien, welche, wenn durch
Impfung **selbst** mit den kleinsten Mengen übertragen, sich
rapide vermehren und den ganzen Körper durchwachsen. Sie
sind typische Krankheiten, welche unter bestimmten, in jedem
Falle wiederkehrenden Symptomen bis zum Tode verlaufen.
Wenn K o c h diese Krankheiten ebenfalls als Sepsis bezeichnete,

so that er dies mit vollstem Rechte, weil der ursprüngliche
Infectionsstoff ein fauliger war, (faules Blut, Pankewasser) und
zum Unterschied von pyämischen Erkrankungen, ohne Eiterung
zu veranlassen, auf die Gewebe wirkte. Hiernach ist ohne Weiteres
klar, dass wenn wir mit Gussenbauer auch die menschliche
Sepsis auf die Aufnahme von Fäulnissproducten ätiologisch
zurückführen, sehr differente Noxen möglich sind. Es ist z. B.
ganz plausibel, dass sich in einem Jaucheherde in einer Wunde
unter der Unzahl von Mikroorganismen, welche sich in einem
solchen zu etabliren pflegen, ganz gerade so wie in dem Pankewasser, welches Gaffky dem Thier injicirte, einige oder eins
befindet, welches befähigt ist, die lebenden menschlichen Gewebe zu durchwachsen und so ein septisches Allgemeinleiden
zu veranlassen. Es ist aber auch ebensogut denkbar, dass etwas
Aehnliches beim Menschen in den meisten Fällen nicht vor-
kommt; dass vielmehr die Allgemeinerscheinungen auf der
Resorption von nicht lebenden Giften, Fermenten, Ptomaïnen etc.
beruhen. Auch können sich beide dieser Sepsisformen combiniren.
Ja, es können ferner sowohl unter den Ptomaïnen, wie unter
den Mikrobien sehr verschiedene Arten, in einem Falle diese,
im andern Falle jene, in einem dritten beliebige Combinationen
derselben, wirksam sein. Kurz, die Frage nach der Ursache
der menschlichen Sepsis ist von vornherein keine so einfache,
wie es unsern Vorfahren erschien.

Wenn man einmal auch im Allgemeinen das Vorkommen
von Fällen reiner Sapraemie, d. h. reiner Ptomaïnvergiftung
angenommen hat, so dürfte dasselbe doch kein häufiges sein.
Ob es Fälle giebt, welche der Koch'schen Mäusebacillensepsis,
der Gaffky'schen Bacteriensepsis entsprechen, ist eine bis
jetzt nicht beantwortete Frage. Allerdings hat Pasteur einen
vibrion septique entdeckt, welcher nach seinen sehr interessanten
Kulturversuchen nur bei Luftabschluss wächst — ein Bacillus,
welcher bekanntlich von Koch und Gaffky als identisch

mit dem des malignen **Oedems** aufgefasst worden ist. Desshalb
und weil **es sich bei** P.'s Sepsis um Thierversuche handelt,
können diese Beobachtungen hier nicht wesentlich **in Frage**
kommen. **Dagegen sind** die Untersuchungen von Doléris
über septische Puerperalerkrankungen **beim** Menschen **von**
grossem Interesse. Er untersuchte zwei Fälle von **wirklicher,**
foudroyanter Sepsis ohne weiteren pathologisch-anatomischen
Befund. Seine Resultate entsprechen nichts **weniger als einer**
Sepsis durch diablastische Bacillen. **Er sagt vielmehr, dass**
sich bei der foudroyanten **Sepsis bis zu** den letzten Perioden
des Lebens **keine Organismen im** Blut finden, oft nur erst nach
dem Tode. Auch konstatirte er keine einheitliche Form, sondern
verschiedene: des éléments allongés, **minces,** cylindriques,
rémuants, welche örtlich im Gewebe und in den Lymphspalten des
Uterus und im Peritoneum wimmelten. Auch in putriden Infarcten
fand D. solche Organismen und glaubt, dass eine Form in die
andere übergehen könne. Ferner legt er sich die Frage vor,
unter welchen Umständen das Blut für diese Organismen ein
geeignetes Nährmedium werden könne. Diese Umstände sind
einmal Anoxémie (Sauerstoffmangel) des **Blutes, weil** der vibrion
septique dieses Gas verabscheut; zweitens ein stets zuführender
Herd ausserhalb des Blutes. **Die erstere Bedingung** kann nur
erfüllt werden durch das Vorhandensein anderer, den Sauerstoff
aufzehrender Organismen **(z. B.** Eitercoccen) oder durch die
Agone resp. den Tod. Es dürfte daraus hervorgehen, dass D.
keine Sepsisbacillen kennen gelernt hat, welche auch nur an-
nährend eine Rolle spielten wie die Bacillen der Mäusesepsis,
oder wie die Bacterien der Sepsis bei Kaninchen, Vögeln etc.
Können seine Bacillen während des Lebens nicht in den Körper
dringen, müssen ihnen erst **die** Eitercoccen den Weg bahnen,
ist ein stets zuführender Herd ausserhalb des Blutes nothwendig, nun, **so** wird es sich, was die Wirkung d i e s e r Bacillen
betrifft, wohl in seinen Sepsisfällen kaum um mehr als um

Ptomaïnvergiftungen gehandelt haben. Natürlich ist es völlig
unzulässig, die verschiedenen beim Menschen in septischen,
putriden Herden gefundenen Bacillen ohne Weiteres mit dem
Vibrion septique identificiren zu wollen. Ich schliesse mich bis
jetzt der Ansicht an, dass die Symptome, welche der
Kliniker als Sepsis zusammenfasst, keine einfache und keine
einheitliche Aetiologie am wenigsten in Form eines bestimmten
pathogenen Bacillus haben. Auch die folgenden Beobachtungen
werden zeigen, dass sowohl die Eitercoccen, wo sie in Masse
eindringen und im raschen Verlauf und ohne Metastasen nosogen
wirken, als auch gewisse Baccillen, die progressiv vordringen,
wie die des malignen Oedems, des progressiven, septischen
Emphysems, endlich aber auch solche, welche nicht in das
lebende Gewebe, oder doch nicht viel weiter wie in die Oberfläche desselben dringen, dagegen in grosser Masse in den
Körper gerathen durch Bildung von Ptomaïnen, peptonisirenden
Ferment, Fibrinferment etc. Symptome erzeugen, welche man
klinisch als »Sepsis« zu bezeichnen bis jetzt gewohnt ist. Wollten
wir solche Krankheitsbilder ätiologisch analysiren, so würde
das vielleicht einer späteren Generation bei vollendeter Kenntniss
der Krankheitssymptome, welche den verschiedenen in Frage
kommenden Microorganismen, Ptomaïnen und Fermenten eigenthümlich sind, möglich sein. Bis jetzt kann man kaum wagen,
im einzelnen Falle die extremsten Unterschiede, ob reine In-
toxicationen oder reine Infectionen, diagnosticiren zu wollen.
Auf der anderen Seite kennen wir doch jetzt schon eine ganze
Anzahl von pathogenen Einwirkungen niederer Organismen,
welche fundamental verschieden sind, auf welche wir bei der
fernern Discussion über die Aetiologie septischer Erkrankungs-
fälle Rücksicht nehmen müssen. Zuerst sind uns bei den
specifischen Infectionskrankheiten und bei solchen der inneren
Medicin solche Verschiedenheiten der nosogenen Wirksamkeit
entgegengetreten durch die nunmehr festbegründete Erkenntnis,

dass einer jeden derartigen **typischen** Krankheit ein bestimmtes Microbion entspricht. Aber auch bei den nicht typischen Wunderkrankungen, **zu denen der grössere** Theil der hier in Frage kommenden **gehört,** kann man bekanntlich gewisse, allgemeinere **pathologische** Einwirkungen der Microbien **von einander unter-**scheiden, von denen allerdings ebensowohl **eine jede mehreren** Mikroorganismen eigen sein als auch **umgekehrt ein und** dasselbe Mikrobion mehrere derselben **ausüben kann.** So z. B. kenne ich 6 verschiedene Mikrobien, **welche beim Menschen** Eiterbildung veranlassen **können.** Umgekehrt gibt **es Pilze,** welche zugleich zwei verschiedene Eigenschaften haben, **z. B.** der Erysipelcoccus. Neben der **Eigenschaft örtlich in lebendem** Gewebe sich weiter **zu verbreiten und dabei örtliche,** intensive Entzündung **ohne Eiterung zu erregen,** hat er **auch** die, energische Allgemeinerkrankung, Fieber **etc.** hervorgerufen. Dass **das nicht** nothwendig mit einander verbunden ist, **zeigt** sofort ein drittes Beispiel: Der Coccus des Fingererysipeloid's verbreitet sich in ganz ähnlicher **Weise** und macht locale Entzündung, auch ohne Eiterung. **Doch** fehlt ihm jegliche Einwirkung auf das Allgemeinbefinden. **Es ist für** die Klarheit und Kürze **in den** folgenden Betrachtungen nothwendig, **die** verschiedenen **nosogenen** Einwirknngen, **welche in** Frage kommen, mit kurzem **Ausdruck zur Hand zu** haben, und **dess-**halb will **ich** sie schematisch charakterisiren **und . wo** nöthig, kürzer benennen, **ohne dass** diese Benennungen über diese Arbeit hinausreichen sollen.

1) Es kann ein Mikroorganismus pathogen wirken. dadurch, dass von ihm erzeugte Gifte resorbirt werden, wenn er **mit** resorbirenden Oberflächen des Körpers in Berührung vegetirt. Es kann ihm dabei jegliche andere pathogene Eigenschaft, z. B. **die,** in die Gewebe einzudringen, Entzündung oder Eiterung zu erregen etc. fehlen; er kann sie nebenbei aber auch haben. Das gebildete Gift, Sepsin, Ptomaïn, Fäulniss-Alcaloïd,

kann sehr verschiedener Natur sein. Ich glaube, dass in einzelnen Fällen sogar ganz einfache chemische Verbindungen, wie Amoniak, Schwefelwasserstoff, als solche Ptomaïne fungiren, wenn auch extrem selten. In anderen Fällen ist es ein organisches Gift wie Bergmann's Sepsin, Sonnenschein und Zuelzer's narkotisches Alcaloïd, wie die nervenlähmenden Stoffe des Wurstgiftes, des Diphtheritisgiftes. In wieder anderen Fällen sind es weniger bekannte fermentative Stoffe, welche ähnlich wirken wie Pepsin, welches man in die Circulation bringt, oder ferner wie das Fibrinferment. Möglicherweise kommen noch andere in ihrer Wirksamkeit viel unbekanntere organische Gifte in Betracht; es haben wenigstens frühere Autoren das septische Gift wiederholt mit dem Schlangengift verglichen. Ich fasse in Folgendem alle diese nicht belebten, nosogenen Stoffe unter dem Namen Ptomaïne zusammen.

2) In Beziehung auf die Verbreitung im Körper kann ein Mikroorganismus vermöge seiner Lebensökonomie die Eigenschaft haben, in die Gewebe des lebenden Körpers einzudringen — invasive Eigenschaft. Wir werden solche Mikrobien kennen lernen, welche in die Oberfläche des lebenden Gewebes eindringen, dann aber mit ihren Keimen untergehen.

3) Andere vermögen darin weiter zu leben, kürzere oder längere Zeit, auch wohl auf Lebenszeit des Wohnthieres, bei Lues, Tuberculose etc. — parasitäre Eigenschaft.

4) Sich langsamer oder rascher in den lebenden Geweben zu vermehren.

5) Sich langsamer oder rascher in den Geweben, ja, im ganzen Körper zu verbreiten, ihn zu durchwachsen (diablastische Eigenschaft) wie bei der Bacillen- und Bacteriensepsis, dem Milzbrand bei Mäusen, dem akuten Rotz etc.

6) Oertlich kann das Mikrobion bei seinem Eindringen eine einfache entzündliche Einwirkung ausüben, wie z. B. bei Erysipelas: Hyperämie, Emigration und Exsudation bis zur Bild-

ung von **Blasen, sogar mit** fribrinösem Inhalte. (Es ist das durchaus keine **nothwendige Begleiterscheinung einer** Mikrobieneinwanderung; **bei der Bacillensepsis z. B. bleiben die** Gewebe fast **ohne En**tzündung.)

7) Eine häufige Eigenschaft ist **die, die Gewebe eitrig** einzuschmelzen, welche auch gewissen **scharfen Giften (Terpentinöl** etc.) eigen ist — pyogene **Eigenschaft.**

8) Es kommt vor, **dass durch die specifische Wirkung des** Mikrobions das Gewebe, wo es **auch ergriffen wird, zu brandigem** Absterben **gebracht wird — gangränescirende Wirkung** wie z. B. die **progressive Gangrän Koch's bei** Mäusen. Natürlich **ist es nicht hieher zu** rechnen, wenn einmal unter ungünstigen Verhältnissen ein Stück dünne Cutis durch ein Erysipel oder eine Phlegmone verloren geht.

Ich möchte für die folgenden Betrachtungen im Zusammenhange **mit diesen** Reflexionen an einige allbekannte Thatsachen erinnern, nämlich an noch andere Verhältnisse, welche über den Verlauf einer Mikrobienerkrankung entscheiden. Das sind erstens die Abschwächung, resp.Verschärfung der pathogenen Eigenschaften, wie sie in der That von Pasteur und Koch bei Milzbrand sicher nachgewiesen sind. Es sind ferner **Verhältnisse,** welche unabhängig **von** den Eigenschaften **des Mikroorganismus sind, z.** B. nur die Menge desselben betreffen **— cumulative Wirkung.** Zweitens spielt **die** individuelle Empfänglichkeit **des inficirten** Organismus eine der wichtigsten Rollen. **Das ist ja** für gewisse innere Krankheiten, **wie** Masern, Scharlach **etc.** ganz ausgemacht. Doch glaube ich, **dass** diese Verhältnisse auch für die in Rede stehenden, nicht typischen **Wundkrankheiten** sehr wesentlich in Frage kommen.

A. Putride Intoxication, Sapraemie.

Ogston adoptirt von M. Duncan[1]) die Abzweigung einer besonderen Erkrankung, welche **von** Letzterem unter dem Na-

---

[1]) M. Duncan, puerperal fever, Lanzet 1880. Vol. II, pag. 684

men der »Sapraemie« eingeführt wird. D. beschreibt diese Erkrankung sehr präcise.

»Sapraemie, oder einfache, putride Infection — Vergiftung nicht durch einen Organismus, welcher sich im
Blut vermehrt, sondern durch die Aufnahme chemischer
Producte putrider Zersetzung in das Blut — ist eine neuerdings zum grossen Nutzen für die Praxis wesentlich auf-
geklärte Erkrankung. Wie andere Formen des Puerperal-
fiebers werde ich diese als eine besondere Form behandeln
und das wird meistens zutreffen. Doch kann Sapraemie
sich mit traumatischem Fieber und Entzündung combiniren;
besonders gern verbindet sie sich mit Septikämie und Pyämie. Es ist nämlich lange Usus gewesen, und ist es auch
. noch, die Septicämie und Pyämie als Krankheiten der Putrefaction zu bezeichnen; doch ist dies durchaus ein Irrthum.
Putridität der Absonderungen ist absolut kein wesentlicher
Theil dieser Krankheit, wenngleich er dieselben öfters be-
gleitet. Die Organismen, welche Septicämie und Pyämie
verursachen, nehmen muthmasslich keinen Antheil an der
Putrefaction. Sie leben in der Absonderung und sind befähigt, in das Blut überzugehen, wo sie sich ohne Ende
vermehren. Die Organismen, welche Putrefaction erzeugen,
sei das nun bact. termo oder andere, können in das Blut
übergehen mit den putriden Flüssigkeiten und Sapraemie
erzeugen, aber sie leben nicht weiter, geschweige denn,
dass sie weiter wüchsen.

Wir haben somit in der uncomplicirten Sapraemie ein
sehr einfaches Problem. Putrider ichor wird absorbirt oder
dringt durch die Venenplexus des Uterus in die Circulation.
Seine giftigen Bestandtheile werden bald durch das Blut
eliminirt und wenn nur die weitere Zufuhr abgeschnitten
wird, hört das Phänomen der Sapraemie bald auf.

Wenn auch der Stoff einmal im Blut ist, so vermehrt er **sich nicht wie ein** Ferment, unabhängig von der Zufuhr. Die Sapraemie besteht nur fort durch unaufhörliche **Zufuhr von** neuemGifte und verschwindet, sobald dieselbe ganz abgeschnitten ist. Sie abzuschneiden — ist eben das Problem der Heilung.‹

O g s t o n setzt hinzu, dass ausser Zweifel gewisse Organismen — Saprophyten — „gewöhnliche Fäulniss" **bewirken, andere** Organismen, Zersetzungen, **welche keine Fäulniss sind.** Zu ersteren gehören vielleicht **alle Formen von Bakterium, einige** Bacillen und Spirillen. **Zu den letzteren gehören** einige Bacillen und einige Mikrococcen. Erstere Saproorganismen bewirken allerdings **eine besondere Erkrankung — Vergiftung mit ihren** Ptomaïnen, d. h. **den** Gasen und Flüssigkeiten dieser Saprophyten. **Solche Formen** werden ausser der Uebelkeit durch Fäulnissgeruch **(fauler Leichen z. B.)** im Kindsbett beobachtet, wo wir durch Auswaschen oder durch Entleerung der Gerinnsel aus Uterus und Vagina in wenigen Stunden die Krankheit beseitigen können.

Auch in den chirurgischen Kliniken hier und andern Orts hat man schon seit langer Zeit bei gewissen **Fällen** ähnliche Verhältnisse vorausgesetzt. Professor K ö n i g [1]) sagt darüber :

„Wir haben somit in Beziehung auf **die Septicämie** bei Menschen schon 2 Formen zu unterscheiden, welche freilich in der Wirklichkeit **nicht immer so scharf getrennt vor-**kommen. Die erste Form die putride Intoxication darf zumal da erwartet werden, wo grössere Mengen von fäulnissfähiger Flüssigkeit, also Blut und Eiter sich plötzlich zersetzen und wo die übrigen Bedingungen derart sind, dass die zersetzten Massen rasch in die Blutbahn aufgenommen werden."

Prof. K ö n i g führt dazu 2 sehr instruktive Fälle an. Auch ich erinnere mich aus den Jahren 1867 und 1874 zweier Fälle, bei denen Blut einmal in einem Amputationsstumpf, das andre

---

[1]) Lehrbuch der Allgemeinen Chirurgie. Verlag v. A. Hirschwald. Berlin 1883. p. 133.

5*

Mal in einer grossen osteomyelitischen Abscesshöhle sich rasch
faulig zersetzte und schwere Allgemeinerscheinungen veranlasste,
welche nach Entleerung der zersetzten Coagula rasch verschwan-
den. Ich glaube, dass man sehr wohl unter Umständen die Fälle
einer putriden Intoxication oder Saprämie von anderen Sepsisformen wird unterscheiden können, aber bis jetzt beruht diese
Unterscheidung nur auf einer muthmasslichen Deutung der
Erscheinungen, da eine jegliche sichere, sei es klinische, sei es
experimentell pathologische, sei es mykologische Grundlage zur
Zeit fehlt. Duncan's Darstellung verdankt ihre Klarheit mehr
einer guten Redaction. Die Worte „Putridität", „Putrefaktion"
gebraucht er wie mathematische Begriffe, und doch sind sie
nichts weniger als solche. Welche sind denn die Saprophyten?
Es liegen soviel ich weiss keine mit den neuern Mitteln aus-
geführte Bearbeitungen dieser Frage vor und desshalb will ich
hier einige Resultate, welche ich im Laufe der Zeit meist zufällig
erhielt, mittheilen. Leider erhellt schon aus ihnen, dass die Frage
sich nicht einfach mit der Aufstellung „des saprogenen Microorganismus" und seiner Produkte erledigt, weil es deren mehrere,
möglicherweise sehr viele gibt.

Ich bin seit Jahren darauf ausgegangen, die eigentlichen
Saprophyten, d. h. die fäulnisserregenden Mikroorganismen
kennen zu lernen. Ich habe in einer früheren Arbeit nachgewiesen, dass bei Ausschluss der Luft durchaus nicht diejenigen
Organismen,, welche z. B. in Cohn'scher Nährlösung sich etabliren
und früher schlechthin als Bakterien — bacteriun termo — bezeichnet wurden, Fäulniss erregen können. Viele derselben bewirken eine chronische Zersetzung, eine Peptonisirung mit wenig
Gasbildung. Bestimmte andere, welche aus einer bestimmten
Quelle stammten, bewirkten rasche Fäulniss mit starker Gasbildung. Später, nach Koch's Entdeckungen, hoffte ich mit
Hülfe seiner Methoden diese Organismen isoliren und die eigentlichen Fäulnisserreger in Reinzucht erhalten zu können. Doch

hat es länger als ein Jahr gedauert, bis ich brauchbare Resultate erhielt. Da fäulnissfähige Substanzen, wenn sie der Luft ausgesetzt in der Wärme stehen, der Fäulniss verfallen, hoffte ich in den Luftkulturen leicht Fäulnissmikrobien zu finden. Das erste Mikrobion, welches ich untersuchte (das allerdings wohl weniger aus der Luft stammte, als aus dem zu der Serumgelatine benutzten Blut,) war der Heubacillus. Ohne Luft bewirkte derselbe fast gar keine Veränderungen; bei Luftzutritt machte er Gelatine und Eiweiss und gekochtes Fleisch zergehen. Wiewohl sich auch ein gewisser Fäulnissgeruch geltend macht, so ist der Heupilz ganz gewiss nicht ein eigentliches Fäulnissmikrobion. Dann habe ich eine ganze Reihe von Coccen, Bacterien und namentlich Bacillen aus den Luftkulturen rein gezüchtet, aber all diese verhielten sich ziemlich indifferent, bewirkten jedenfalls keine energische Fäulniss. Ferner erhielt ich aus einem faulen, sehr stinkenden Abscess des Pankreas, den ich operirte, die Reinzucht eines kleinen Bacillus, welcher rasch die Gelatine verflüssigte, auch etwas Fäulnissgeruch machte, doch zu wenig für ein wirkliches Fäulnissmikrobion. Ferner ging in einem F.-P.A.-Röhrchen durch zufällige Einsaat eine dicke Kultur eines schnell wachsenden, aus feinen, langen Fäden bestehenden Bacillus auf, Fig. 6, welcher sich wegen seines raschen Wachsthums leicht in Reinkulturen erhalten liess. Er leistete etwas mehr als seine Vorgänger, verflüssigte Eiweiss bei Luftzutritt rasch unter etwas Fäulnissgeruch aber doch so wenig, dass ich auch diesen nicht als Fäulnisserreger anerkennen konnte.

Endlich lernte ich dasjenige Individuum kennen, welches, wie ich glaube, für gewöhnlich die rasche, energische, stinkende Fäulniss veranlasst. Ich hatte in einem Krankensaale eine Blutkultur auf erstarrten Serum gemacht. 3 Tage später machte sich in meinem Laboratorium und speciell in der Brutmaschine ein unerträglicher Fäulnissgeruch geltend; er stammte aus jenem Röhrchen. Das Mikrobion war, da es auch recht rasch wuchs, ohne weiteres rein zu erhalten. Ich will gleich erwähnen, dass ich später genau dasselbe Mikrobion noch einmal aus anderer Quelle erhielt. Es bilden sich zuweilen bei gewissen Katarrh-formen weissliche runde Pröpfe in den Schleimhautrecessen der seitlichen Rachenwand, deren unerträglicher Gestank mir bei einem Patienten in der Poliklinik zufällig auffiel. Auf Agar ausgesäet, keimte neben anderen Dingen das genannte Fäulniss-mikrobion. Da es sich in 18 Kulturen in seinem Verhalten gegen Eiweiss, gekochtes Rindfleisch etc. völlig identisch mit dem ersteren verhielt, so kann kein Zweifel sein, dass es in der That dasselbe war. Ich habe dasselbe vorläufig als ersten Fäulniss-bacillus bezeichnet.

1. Bacillus saprogenes Nr. 1.

Die Reinkultur bildet einen gelbgrauen Streifen, welcher opak scheint, gegen das Licht gehalten aber doch ziemlich durchsichtig ist. Die Kultur wächst wohl 1 mm hoch und ist, wenn frisch, von breiig-klebriger Consistenz. Macht man auf F. P. A. einen Impf-strich, so ist in der Wärme nach 24 Stunden die Kultur schon 3 — 4 mm breit gewachsen. Beim weiteren Wachsthum bilden sich leicht durch kleine Unregelmässigkeiten desselben wellige Reifen, so dass die Oberfläche ein muscheliges Ansehen bekommt. So characteristisch die Kulturen sind, so schwierig ist es, sie wiederzugeben. Jeder, der die Kultur vor sich hat, wird Fig. XII für eine ganz gute Zeichnung derselben erklären, doch genügt sie nicht, die Kultur für den, der sie nicht in Natur sah, sicher genug zu kennzeichnen. Ist eine Kultur 4 – 5 Tage, wenn auch nur bei mässiger Zimmertemperatur gewachsen, so macht sich, obgleich der F. P. A.-Nährboden nicht im geringsten verflüssigt wird, ein intensiver Fäulnissgeruch geltend, der sich dem ganzen Zimmer mittheilt. Der Geruch der Kulturen auf Agar entspricht etwa dem fauler Küchenabfälle; auf Serum ist er viel schlimmer. Mikroskopisch zeigt sich das Mikrobion als ziemlich grosser Bacillus, der an dem Ende eines Stäbchens eine grosse Spore bildet. (Fig. 7.) **Aeltere** Kulturen sind schwer zu übertragen und gehen namentlich auf trockenem Agar überhaupt nicht an oder **nur in kleinen** Pünktchen, welche erst, **wenn** man sie nun noch **einmal** wieder überträgt, gut wachsen.

Fäulnisswirkung des Bacillus saprog. Nr. 1 mit Luft. Ueberträgt man den Pilz auf Kolben mit Eiweiss und Wasser bei Luftzutritt und schliesst denselben dann luftdicht ab, **so zergeht das** Eiweiss rasch, die Flüssigkeit wird dann grünlich-gelb und wenn man nun den Kolben öffnet, **so macht sich ein so pestilenzialischer** Geruch geltend, **wie man ihm sonst im Leben selten begegnet.** Ich will bemerken, dass **bei einem jeden dieser** und der folgenden Versuche die faulige Flüssigkeit auf Agar gestrichen wurde, **um** durch **die hier entstehende** Reinkultur des Mikrobions **versichert zu sein, dass die Wirkung** von dem Fäulnissmikrobion **allein stammte.** (Ehe ich die Sublimatisirung der Wattepröpfe **eingeführt hatte,** missglückten gerade die Uebertragungen auf Eiweiss leicht durch die Verunreinigung mit Heubacillus). Ich habe den Fäulnissbacillus in mehr als 40 Generationen gezüchtet; ich habe ihn von F. P. A. auf Eiweiss, gekochtes Rindfleisch und von hier zurück **auf F. P. A. übertragen, ohne** dass sich sein Aussehen **und** seine **Eigenschaften** irgendwie geändert hätten. Eine Eigenthümlichkeit **fiel mir** bei diesen Uebertragungen auf, **dass nämlich, wenn in Eiweiss oder Fleisch**kolben die Fäulniss **einigermassen weit gediehen war, das** Mikrobion daraus **mehrfach nicht mehr zum Aufkeimen zu bringen war.**

Fäulnisswirkung des Bacillus saprog. Nr. 1 ohne Luft. In die Mitte eines rohen Eies wurden unter den betreffenden Cautelen 0,3 CC einer mit sterilisirtem Wasser aufgeschwemmten Kultur des Bacillus eingespritzt, das Ei versiegelt und in den Brutkasten neben ein anderes gelegt, in welches zu gleicher Zeit zur Controle der Cautelen ebenso viel destillirtes Wasser, (natürlich sterilisirtes) gespritzt war. Nach 9 Tagen geöffnet, zeigte sich

keine Spur von Fäulniss oder Zersetzung in den Eiern. Auch war
das Gelbe nicht mit dem Eiweiss vermischt, aber in dem inficirten
dünnflüssiger und weisser als in dem anderen. Uebrigens liess
sich auf F. P. A. der Bacillus aus dem Dotter noch als Reinkultur erhalten; er keimte in drei Centren und wurde von hier
zu charakteristischen Kulturen weiter übertragen. Beiläufig
möchte ich bemerken, dass es nicht ausgeschlossen ist, dass
dieser Bacillus, wenn zwischen der Schale des Eies und dem
Eiweiss etablirt, eine Fäulniss einleiten könnte. Ferner wurden
verhältnissmässig grosse Mengen des Bacillus bis 0,1 CC nach
den in einer früheren Arbeit beschriebenen Methoden auf luftleere Kolben übertragen, welche theils mit 10 Gr. gekochtem
Eiweiss, theils mit ebenso viel gekochtem Rindfleich und
gleichen Mengen Wassers beschickt waren. Auch hier fiel die
Wirkung sehr schwach aus. Anfangs bemerkte man keine
Spur einer Einwirkung. Ein Glas mit Eiweiss steht so, ohne
ein Zergehen zu zeigen, mit vollem Wasserhammer ein Jahr lang.
Ein anderes, zu dem sehr viel mehr der Bacillenkultur hinzu-
gesetzt war, zeigte nach 14 wöchentlicher Bebrütung ein breiiges
Zergehen des Eiweisses mit etwas geschwächtem Wasserhammer.
Ein Glas mit Rindfleisch, ebenfalls stärker inficirt, zeigt be-
ginnenden faserigen Zerfall und rosa Färbung bei nicht ge-
schwächtem Wasserhammer (chronische Fäulniss). Es folgt
aus dem Vorhergehenden, dass dieser Bacillus ein entschiedenes
Fäulnissmikrobion ist, möglicherweise das verbreitetste, welches
an sich den Fäulnissgeruch entwickelt, auch da, wo es in den
Nährboden nicht eindringen und denselben zersetzen kann.
Doch folgt weiter, dass er ein strenges Aërobion ist und ohne
Luft nur chronische Fäulniss macht.

Thierversuche mit dem Bacill. saprog. Nr. 1.

Da die Kulturen rasch wachsen und ziemlich dick sind,
kann man verhältnissmässig bedeutende Mengen in Aufschwemm-

ungen gewinnen. So wurde eine 5 Centim. lange, 1 Centim. breite frische **Agarkultur mit** 2 CC sterilisirten Wassers aufgeschwemmt **und davon einem Kaninchen** 1 CC., einem zweiten 1/2 CC. **in ein Knie** injicirt. Ich hatte nicht bemerkt, dass letzteres **Thier** an einer Eiterung der Unterlippe **mit** Abscedirung **der** Submentaldrüsen erkrankt war. **Es starb** 4 **Tage nach** der Injection. Das Knie zeigte **sich ganz normal.** In Farbe, Blutreichthum, Glanz des **Knorpels und den Synovialis** war kein Unterschied **gegen das andere Knie.** Keine Spur von Fäulniss, Eiterung, **Infiltration des subcutanen Gewebes am** Schenkel. Beim anderen Kaninchen schwoll das anfangs leicht **geschwellte Knie bald ab. Darnach blieb das Thier völlig** gesund.

Eine Reinkultur in erster Generation auf F.-P.-A. in zweiter **auf Eiweisskolben, in** dritter bis zwölfter auf F.-P.-A., zwei cm **breit und 6** cm lang wurde mit 5 CC Wasser aufgeschwemmt **und** einem Kaninchen je 1 CC in die Kniee, einem anderen 1 CC. **in** ein Knie und 1 CC. in die rechte Pleura injicirt. **Die** Kniee zeigten einige Tage ganz leichte Schwellung, welche aber rasch verschwand. **Das Befinden war anscheinend gar nicht** gestört. Das letzte Thier starb 16 Tage später **an einer** Zerfleischung **wahr**scheinlich durch eine Katze. **Die Section ergab: Pleura und Knie** ganz normal. **Das andere Thier und das** vom vorhergehenden **Ver**suche leben **noch nach** 2 Monaten **und** sind ganz gesund. Hieraus folgt, **dass dieser** Fäulnissbacillus dem Kaninchenorganismus fast völlig unschädlich ist. Auch die bei Luftabschluss **gebildeten Ptomaïne erweisen sich sehr unschuldig.** Der mit Rindfleisch beschickte Kolben, welcher nach 14 Wochen **Zerfall und Rothwerden des** Fleisches zeigte, entwickelte beim Oeffnen recht fötiden Geruch. Von der trüblichen Flüssigkeit, welche feine Fleischfasern reichlich suspendirt erhielt, wurden einem Hund, **dessen** Temperatur vorher beobachtet war, 9 CC injicirt.

Temp.: 24. XII. Mittags 38,6,
    ,,   25. ,,   Morgens 38,5, Abends 38,4,
    ,,   26. ,,   Nachmittags 38,4,
    ,,   27. ,,   Nachmittags 5 Uhr 38,2, Injection,
    ,,   27. ,,   Nachmittags 6 Uhr 39,0,
    ,,   27. ,,   Nachmittags 7 $^1/_2$ Uhr 39,6

(soll nur die Hälfte seiner gewohnten Portion gefressen haben)
9 Uhr 39,6,
10$^1/_2$ Uhr 40,0,
Temp. 28. XII. Morgens 38,7
    ,,   29. ,, Morgens 38,4.

Eine Woche später wurde der Hund wiederum 3 Tage
lang gemessen. Seine Temperatur schwankte zwischen 38,4
und 38,6, dann wurden ihm 5 $^1/_2$ Uhr Abends 12 CC. sterilisirten Wassers auf die andere Seite des Rückens injicirt.

Temp.: 6 $^1/_2$ Uhr Abends 38,9,
        8 $^1/_2$,,   ,,   39,5,
        9 $^1/_2$,,   ,,   39,
      10 $^1/_2$,,   ,,   39,4,

am andern Morgen normale Temperatur. In den folgenden
14 Tagen, in welchen ich den Hund noch beobachtete, blieb
er ganz gesund. Es hatte also die Wasserinjektion fast
dieselben Folgen als die Ptomaïninjektion. Versuche mit
Ptomaïnen, welche bei Luftzutritt unter energischer Fäulniss
durch dieses Mikrobion etwa gebildet werden, habe ich leider
noch nicht anstellen können.

2. Bacill. saprog. Nr. 2.

Ein anderes sehr merkwürdiges Mikrobion, welches ebenfalls einen wenn auch differenten und nicht so intensiven, aber
nicht weniger affreusen Fäulnissgeruch entwickelt, schenkte mir
der Zufall folgendermassen. Als Ursache eines sehr unange-

nehmen Geruchs im poliklinischen Wartezimmer entdeckte ich
ein Individuum, **Namens** Scheidemann, mit charakteristischen,
sehr stinkenden **Schweissfüssen.** Ich berührte die Fusssohle,
an welcher so gut wie kein Sekret haftete, mit dem geglühten
Platindraht und machte Impfstriche **auf F. P. A.** Natürlich
entstand keine Reinkultur, aber ein Mikrobion liess sich durch
die Eigenthümlichkeit seines Wachsthums **sofort in** Reinkultur
erhalten. Diese Eigenthümlichkeit ist folgende: Macht man
heute einen noch **so feinen** Impfstrich **auf F. P. A.,** **so erscheint**
morgen die ganze Fläche desselben wie **mit feinsten Tropfen**
besprengt. Die Kultur überzieht dann die Fläche gleichmässig
und nimmt an Dicke zu, **und** ursprünglich wasserhell, wird sie
allmählich etwas opaker, weisslich grau, von zäh-schleimiger
Consistenz. **Sie verbreitet** (in der 10. Generation noch in derselben **Weise** wie in der ersten) ohne das **F. P. A.** zu verflüssigen, **den** fötiden Geruch nach schmutzigen Strümpfen bei
Leuten mit Schweissfüssen. Dies Mikrobion verbreitet sich von
den mir bekannten am schnellsten auf der Oberfläche. Ich
habe es nicht versucht, die Kulturen durch Zeichnung wieder-
geben zu lassen. Mikroskopisch bildet er dünnere und kürzere
Stäbchen als der Bacillus 1. (Fig. **8.**)

Fäulnisswirkung **bei Uebertragung auf Eiweiss**
mit Luft. Das Eiweiss zerging **auch hier** ziemlich **bald mit**
Bildung **eines unerträglichen Gestanks, die** hier gewachsenen
Stäbchen waren **gewiss** noch einmal **so** lang als die auf Agar
gezüchteten, und doch ergab die Rückkultur vollständige Reinzucht in ursprünglicher Form.

Bei Uebertragung auf Eiweiss ohne Luft liess
sich eine entschiedenere Fäulnisswirkung erkennen als bei
Bacillus 1. **Nach 2** Tagen schäumte die Flüssigkeit, der Wasserhammer wurde sehr verringert; **von** da ab machte sich wenig
Fortschritt geltend. Ein zweiter Versuch fiel genau so aus.
14 Wochen nach der Bebrütung ist mehr Gas angesammelt, der

Wasserhammer sehr schwach. Bei einem Kolben mit Rindfleisch war derselbe nach genannter Zeit vollständig verschwunden, das Fleisch blassrosa und sehr zergangen. Es
hat somit dieser Bacillus etwas mehr das Vermögen, ohne
Luft fäulnisserregend zu wirken, muss aber doch als Aërobion
bezeichnet werden.

Thierversuche mit Bacillus saprog. Nr. 2.

Eine Kultur achter Generation auf F. P. A., welche die
ganze Fläche einnahm, 3 Tage alt und schon etwas opak war,
wurde mit 3 CC. Wasser aufgeschwemmt und dann einem
Kaninchen 0,5 CC. in beide Knie und in die Pleura, einem
andern soviel nur in ein Knie und die Pleura injicirt. Nach
3 Tagen starb das zweite Thier. In den Knieen war noch
etwas flüssiger, trüblicher Schleim, doch war das Zellgewebe
am Oberschenkel und am Bauch in der Inguinalgegend grau-
weisslich infiltrirt; mikroskopisch zeigte sich, dass es eine
eitrige Infiltration war. In der rechten Pleura röthlich-trübliche
Flüssigkeit, auf Lungen - und Herzoberfläche grau-weissliche,
fibrinöse Auflagerungen. Sowohl aus dem Knie als der Inguinalgegend ergaben die Rückkulturen auf F. P. A. Reinzuchten
des Scheidemann-Bacillus. Das erste Kaninchen starb 5 Tage
nach der Injection. In beiden Knieen etwas bröcklig - fibrinöser
Eiter und um dieselben eine eitrige, graue Infiltration fast ohne
Schwellung. Auch unter dem Bauch, von den Inguinalgegenden
ausgehend und innen am Oberschenkel, eine ganz flache gelblich-
eitrige Infiltration fast ohne Schwellung, aber mit etwas Fäulnissgeruch. In der rechten Pleura etwas dunkelrothe Flüssigkeit,
und fibrinöseitriger Belag. Die Lunge zeigt dunkelrothe, ver-
dichtete Parthien in den unteren Theilen. Milz klein, dunkel.
Nieren blutreich. Die Rückübertragung von Blut der Cava
inferior missglückte, denn es gingen neben dem Bacillus Scheidemann noch 3 fremde Kulturen auf. Aus dem Knie und dem

eitrig infiltrirten Zellgewebe des Bauches keimte der Bacillus in Reinzucht. **Es** folgt hieraus, dass der Bacillus Nr. 2 nicht so unschuldig **ist**, sondern in grösseren Mengen eingeführt, entschieden **pathogen** wirkt. Er hat invasive und pyogene **Eigenschaften.** Die seiner Ptomaïne habe ich noch nicht untersucht.

3. Die Fäulniss cariöser **Zähne**,

welche sich nicht selten Abscessen, welche von den **Zähnen ausgehen**, auch Menschen-Bisswunden **mittheilt**, documentirt sich durch ihren specifischen Geruch als besondere Art. Ich theile einige, wenn auch nicht **abgeschlossene Beobachtungen** hier mit, weil ich nicht weiss, ob **ich bald zu ihnen** zurückkehren werde. Ich habe den Eiter von **3** stinkenden Abscessen dieser Art auf **F. P. A.** geimpft, erhielt bekannte Eitercoccen und auch andere mir nicht bekannte **Coccen,** aber nicht das Fäulnissmikrobion. **Wurde** dagegen der Eiter in luftleere Eiweisskolben übertragen, so stellte sich sofort lebhafteste Fäulniss mit rascher Gasentwicklung ein. In dem faulen Eiweiss zeigten sich mikroskopisch:

1) Eitercoccen, Kettencoccus **vorwiegend,** doch auch Staphylococcus.

2) Einige Spirillen.

3) Wenige Bacillen verschiedener Arten, **dickere und** schlankere Formen.

4) Grosse **Conglomerate** eines **kleinen,** unregelmässigen **Coccus,** welcher **sich** mit Methylviolett viel weniger färbte als Eitercoccen, auch kleiner und unregelmässiger gestaltet **ist.** Stellenweise ist er oval, wie ein Reiskorn, so dass man ihn auch für ein kleines Bacterium ansehen könnte.

Aehnlich ist der Befund bei Eiterungen, in welchen die Fäulniss der Zahncaries sich etablirt hat, z.B. Menschenbisswunden.

Ein Mann **war von** einem halbirten Individuum in den Daumen gebissen **und dadurch das** Phalangengelenk **und** die

Sehnenscheide in der vola geöffnet. Bis eine Knochen- und Sehnennekrose ausgestossen waren, zeigte sich der genannte Zahncaries-Geruch. Mikroskopisch wurde in dem Eiter gefunden:

1) Eitercoccen, Gruppen- und Kettenformen.
2) Spirillen in grosser Menge.
3) Ein sehr feiner, borstenähnlicher Bacillus.
4) Mehrere Arten dickerer Bacillen.
5) Die grösste Menge bildeten enorme Anhäufungen jenes feinen Coccus.

Da mir diese Fälle doch noch keine Auskunft gaben, welches von diesen Mikrobien die Zahnfäulniss bewirkte, versuchte ich Reinkulturen von einem extrahirten, cariösen Zahn zu gewinnen. Das Fehlschlagen aller Impfstriche auf Agar, die rasche Fäulniss des Eiweisses im luftleeren Raum, schien mir darauf zu deuten, dass das Mikrobion ein Anaërobion sei. Ich versuchte deshalb dasselbe im untersten Punkte der Agarsäule auszusäen in folgender Weise: Ich liess in einem stecknadeldicken, hohlen Glasfaden den Inhalt des Zahnes 2—3 mm emporsteigen, schmolz das Ende, während die Flüssigkeit temporär von demselben entfernt war, zu, stach den Glasfaden durch das Agar hindurch bis zum Grund des Probirröhrchens, wo ich durch weiteren Druck das Ende des Fadens zerbrach. Nach zweimal 24 Stunden Bebrütung bei 36—39° wurde die Agarsäule durch Gasbildung in die Höhe getrieben und zeigte, dem Glas entnommen, den characteristischen Geruch in offensivester Weise. Makroskopisch war von einer Kultur nichts zu sehen, abgesehen davon, dass das Agar etwas feucht geworden war. Mikroskopisch fand sich:

1) Kettencoccus und Staphylococcus in sehr geringer Menge.
2) Bacillen, nicht sehr verschieden in der Dicke und ziemlich sparsam, ich zählte 20 in einem Gesichtsfelde.

3) Jener kleine Coccus. Er bildete entschieden die vor-
wiegende Masse, so dass alles Uebrige nur als zufällige
Beimengung erscheinen muss. Wie Sand war er über
das ganze Gesichtsfeld zerstreut und daneben fanden
sich noch grosse, unregelmässige Conglomerate, welche
aussehen wie Brocken von zusammengeklebtem Krystall-
zucker. Fig. 9 gibt einigermassen das Aussehen dieser
Coccen bei intensiver Methyl - Violet - Färbung wieder.
Die dunkeln Coccen sind wahrscheinlich Eitercoccen.
Hiernach spricht die Wahrscheinlichkeit dafür, dass
dieser kleine, unregelmässige Coccus die Ursache des
Zahnfäulnissgeruches ist. Doch behalte ich mir weitere
Mittheilungen vor.

Fäulnissbacillen bei Fällen menschlicher Sepsis.

4. Fäulnissbacillus Nr. 3 aus einer putrid gewordenen, complicirten Fractur mit Sepsis bei tödtlichem Ausgang.

J. Ebeling, 61 Jahre alt, war 4 Tage vor seiner Aufnahme in die Klinik
durch herabfallendes Gestein in einem Steinbruch schwer verletzt und kommt
einfach mit einem Schienenverband hierher; es war somit die Verletzung 3 mal
24 Stunden alt, ehe sie in antiseptische Behandlung kam. Es fand sich links
eine complicirte Fractur im oberen Theil der Tibia. Durch eine gerissene, zer-
quetschte Wunde vorn innen am caput tibiae drang der Finger in das total zer-
schmetterte Ende der Tibia und durch die Trümmer hindurch in das Knie. Auch
am Oberschenkel war eine Fractur, die aber nicht communicirte. Ober- und
Unterschenkel waren bis zur Leistengegend stark geschwollen. Die Fracturstelle
wurde durch grossen Schnitt freigelegt, die grösseren und kleineren Splitter,
welche schon missfarbig waren, ausgeräumt, der Knochengries ausgespült, durch
Abtragung aller Spitzen und Trümmer das obere Ende der Tibia einfach gestaltet, reichliche Drainagen nach hinten angelegt und sehr sorgfältig durch
massenhafte Ausspülungen mit Carbol und Sublimat desinficirt und dann jodo-
formirt. Dann wurde die Fractur am Oberschenkel angeschnitten, um sich zu
versichern, dass sie nicht mit dem Knie communicirte, und ferner noch für
einen in der Tibia nach unten verlaufenden Riss eine Drainage angelegt. Abends
Fieber. Am folgenden Tag, 18. IV. 83, Verbandwechsel, kein Fäulnissgeruch.
20. IV. Die Wunde stinkt wieder, hohes Fieber. 21. IV. ablatio femoris im

oberen Drittel. 23. IV. Allgemeinbefinden wesentlich gebessert. **Temperatur** heruntergegangen. 24. IV. wieder Fiebersteigerung, Pat. vollständig verwirrt. **Stumpf putrid, wird desinficirt.** 25. IV. Pat. delirirt in hohem Fieber. Eine unter den Cautelen entnommene Blutprobe wurde auf Agar ausgesäet. Nur in einem Röhrchen keimte, unabhängig von dem Impfstrich, ein grösserer Bacillus in ganz durchsichtigen, glashellen, tropfenähnlichen, flachen Kulturen; ich hielt ihn für eine Verunreinigung. 26. IV. Pat. delirirt beständig, schreit bei jeder Berührung laut auf, lässt unter sich gehen, hat hohes Fieber. Der Stumpf ist ohne Geruch, doch werden jetzt matsche, nekrotische Gewebsfetzen ausgestossen. 30. IV. Unter fortdauernd hohen Delirien tritt der Tod ein. Bei der Section fand sich die Wundfläche voll dickflüssigen, gelben, mit **Fetttropfen** vermischten Eiters. Herzmuskulatur von Fett etwas durchwachsen, **schlaff,** hellbraunroth. Aus der durch alte Adhäsionen verwachsenen Lunge entleerte sich beim Durchschnitt beider Unterlappen reichlich klare, röthliche, feinschleimige Flüssigkeit. In einer Hauptarterie der linken Lunge ist ein grosser Embolus, der sich nach dem Unterlappen hinerstreckt. Mikroskopisch ergibt sich im Herzen viel braunes Pigment an den Kernen und Fetttropfen an den Fibrillen. In den Lungen sind vielfach die Capillaren mit Fetttröpfchen angefüllt. Nieren gross, schlaff. In den gewundenen Harnkanälchen finden sich mikroskopisch Fetttröpfchen.

Unmittelbar nach der Ablation am 21. IV. secirte ich das abgeschnittene **Bein** und fand sowohl die **Weichtheile** als auch besonders das **Knochenmark** der Tibia bis über die Mitte nach unten in einen faulen, stinkenden **Brei** verwandelt. Bei der Aussaat **auf Agar** keimte mancherlei. Der Hauptsache nach ein mir bis dahin unbekannter Bacillus, Fig. 10. Ferner microc. pyog. aur., später noch einige isolirte, dicke, porcellanartige **Coccenrasen.** Ich stellte mir die Aufgabe, den Bacillus näher **kennen zu lernen und** züchtete ihn rein. Er wächst auf Agar mittelschnell. In **8 Tagen ist** der Strich bis 3 mm breit bei Zimmertemperatur **gewachsen und bildet** einen aschgrauen, nicht zähen, sondern matschigen, fast flüssigen Ueberzug, Fig. XIII, **und** nimmt mit der Zeit einen besonders widerlichen Fäulniss**geruch an.**

Fäulnissversuche mit diesem Bacillus bei Luftzutritt. Eiweiss in Wasser bei Luftzutritt mit diesem Pilz inficirt, zergeht rasch und nimmt ebenfalls einen ähnlichen unangenehmen Fäulnissgeruch **an.**

Bei **Luftleere** zeigt sich **ganz** ähnlich wie bei Bacill. **sapr. Nr.** 2 ein rascher Ansatz zu **akuter Fäulniss.** Der **Wasserhammer** mindert sich, beim Anklopfen schäumt die Flüssigkeit. Von **da** ab aber schreitet die Fäulniss nur äusserst **langsam** vorwärts. Noch nach 14 Wochen **war das Eiweiss** nicht **ganz** zergangen, das Rindfleisch **hellroth und schleimig auf der Oberfläche** geworden. In beiden Gläsern bestand noch, wenn auch sehr geschwächter **Wasserhammer. Kurz der** Fäulnisseffect ohne Luft blieb **etwas hinter dem des Bacilus** sapr. Nr. 2, Scheidemann, **zurück.**

Thierversuche mit Bacillus sapr. Nr. 3 (Ebeling).

Die **Reinkultur** war 5 mal **umgezüchtet und** immer in gleicher Weise gewachsen. Eine 14 Tage alte Kultur vierter Generation 4 mm. breit, fast 3 cm. lang wurde mit etwa 2 CC. destillirten, sterilisirten Wassers aufgeschwemmt und davon einem **Kaninchen** 0,5 CC. in das rechte Knie injicirt, **einem zweiten** 0,5 CC. in das rechte **Knie, und** 0,6 CC **subcutan in die Bauchhaut** links vorn. Am anderen Tage **starb Nr.** 2. Die Obduction ergab an der Injectionsstelle **am Bauch eine opake gelb-grünliche Infiltration, welche Eiterkörperchen** enthielt. Um dieselbe stellenweise starke **capilläre** Entzündungsröthe, **sehr** wenig Oedem, schwacher Fäulnissgeruch, **im** Knie dünne Eiterkörperchen enthaltende Flüssigkeit. Innen am Oberschenkel und in der Inguinalgegend rechts kaum **etwas** vermehrte Röthe wahrzunehmen. Herz, Lungen, Bauchorgane zeigten nichts Abnormes. Mit der Flüssigkeit aus dem Knie waren sofort Impfstriche **auf** 2 Agarröhrchen gemacht; in beiden keimte der Bacillus in Reinzucht. Das andere Kaninchen blieb mehrere Tage krank, hinkte, das Knie war dick und fluctuirte, **Inguinalgegend** anscheinend frei. 7 Wochen später war das Knie noch

dick, die Inguinalfalte ganz normal anzufühlen; das sehr abge-
magerte Thier hat sich etwas wieder erholt. 16 Wochen später:
Das Thier ist munter, dick und blank geworden. Der Unterschied beider Knie noch deutlich, doch ist in dem kranken Knie
kein Inhalt mehr nachzuweisen.

Wahrscheinlich denselben Bacillus habe ich in einem
anderen Falle von Knocheneiterung angetroffen, dessen klinischer
Verlauf allerdings recht unklar ist und durch die Obduction
nicht aufgehellt wurde.

H. Binnewis, 59 Jahre alter Arbeiter von geringer Intelligenz, sodass auf
die Anamnese wenig Werth zu legen ist, behauptet seit 6 Wochen ein offenes
Bein zu haben. Vor 38 Jahren will er dasselbe einmal gebrochen haben und
seitdem soll es öfter offen gewesen sein. Seit 14 Tagen hat es mehr geschmerzt.
Stat. praes.: Am linken Unterschenkel, welcher fast in ganzer Ausdehnung geschwollen ist, finden sich mehrfache, dem unregelmässig verdickten Knochen
adhärente, alte, pigmentirte Narben, und ausserdem 2 mehr als Markstück grosse
geschwürige Defecte der Haut, in deren Grunde die Tibia nicht nekrotisch frei-
liegt. Ich hielt diese Defecte für zerfallene, am Knochen adhärente Narben.
Aussen dicht über dem Fussgelenk ist ein Abscess spontan perforirt und sondert
sehr wenig eines intensiv stinkenden Eiters ab. Ein zweiter Abscess besteht
über dem innern Knöchel. Urin eiweissfrei.

Breite Eröffnung der Abscesse und Entfernung zweier ganz oberflächlicher
Knochenexfoliationen. Trotzdem zeigte sich in der Folge noch derselbe schreck-
liche Gestank des Eiters. Das Fieber stieg; offenbar war das Fussgelenk vereitert; Amputation verweigert. Dieselbe wurde erst, nachdem das Fieber stets
gestiegen, Delirien eingetreten waren, 2½ Wochen nach der Aufnahme im oberen
Drittel des Unterschenkels vorgenommen. Der Stumpf der Tibia war gesund,
aus dem der Fibula quoll Eiter. Er wurde ausgelöffelt und desinficirt, doch
schon am folgenden Tag folgte tödtlicher Ausgang. Der sofort nach der Amputation untersuchte Unterschenkel zeigte eine putride Eiterung in der Markhöhle
von Fibula und Tibia. Das Innere beider Knochen war durch einen grünlich-
weissen, furchtbar stinkenden Eiter ausgefüllt. Die diese Eiterung einschliessende
Rinde beider Knochen war durchaus nicht nekrotisch; nur auf der Basis der
Sprunggelenksfläche der Tibia lag eine kleine Nekrose, welche die Vereiterung
des Gelenks bewirkte. Bei der Obduction fand sich in den Aesten der rechten
Lungenarterie ein gelb-grauer, der Wand fest adhärirender Embolus, während

weder im Herzen **noch in den Venen des** erkrankten Beines Gerinnungen gefunden wurden. **Ausserdem fand sich** doppelseitige Blennorhoe der Bronchen,
katarrhalische **Broncho-Pneumonie** im linken Unterlappen. Dilatation und Hyper-
trophie des **rechten Ventrikels.**

Der **bei der** erwähnten Eröffnung der **Abscesse aufge-**
fangene stinkende Eiter wurde **auf Agar ausgesäet.** In allen
Impfstrichen keimte ein **und derselbe Bacillus, etwas später**
noch der Staph. pyog. **aur.** **Leicht liess sich der Bacillus in**
Reinzucht erhalten. Seine **Kulturen und sein Verhalten gegen**
Eiweiss bei **Luftleere, auch sein mikroskopisches Aussehen**
zeigten so **grosse Aehnlichkeit mit dem** Bacillus Ebeling, dass
ich, wenn auch stellenweise, wie in der Abbildung Fig. 11, **die**
Stäbchen etwas dicker sind, die Identität **für sicher halte.**

Ich habe **somit** 3 verschiedene Fäulnissorganismen — ein
viertes **noch nicht** vollständig — rein gezüchtet und kennen
gelehrt, **welche** aus verschiedenen Quellen stammten und verschiedene Eigenschaften hatten. Während eins derselben sich
sehr innocent im lebenden Gewebe erwiess, hatten die zwei
Anderen invasive und eiterbildende, wahrscheinlich auch toxische,
aber **ganz und gar keine parasitäre, geschweige denn dia-**
blastische Eigenschaften. **Ehe ich die Rolle bespreche,** die
letztere Bacillen vielleicht **bei der** Erkrankung **an Sepsis**
spielen könnten, **muss ich eine andere** Beobachtung **hervor-**
heben, die bei dem **ersten** Sepsisfalle — Ebeling — gemacht
und mitgetheilt wurde, dass nämlich die Impfstriche mit dem
Blute auf F. P. A., trotzdem sie nicht lange vor dem Tode in
der Akme der septischen Erkrankung gemacht wurden, nicht
keimten. Ich füge noch eine analoge Beobachtung hinzu.

Einem 51jährigen Taglöhner, W. Mook, war 4 Tage vorher ein alter sonst
stets durch **ein** Bruchband zurückgehaltener Schenkelbruch ausgetreten, und zugleich hatten **sich** Schmerzen im Leib, Uebelkeit, Erbrechen etc. eingestellt; seit
2 Tagen zuletzt Stuhlgang. 22. I. 84. Bruch sehr empfindlich, geröthet. Her-
niotomie: dunkles, entschieden trübes Bruchwasser. Die Darmschlinge ist von

zweifelhaftem Aussehen, dunkelbraun-roth, an der Convexität schieferfarben; mit
einzelnen gelben Pünktchen. **Schnürstelle gut.** Nach Erweiterung der Bruch-
pforte und **Abwaschen** mit **Sublimat** wird die **Schlinge** reponirt und Radical-
Operation angefügt. 24. I. **Bauch aufgetrieben, Erbrechen.** Temp. stets hoch,
fast 40° C. 25. I. **Verbandwechsel, Wunde gut.** Bauch sehr aufgetrieben,
schmerzhaft; hohe **Temp.; kein** Erbrechen mehr. 30. I. Seit 2 Tagen zunehmen-
der **Verfall,** Temp. stets um 40° C. **Seit gestern metastatische** Parotitis. Diagnose: Acut septische Peritonitis. Patient hat indess nicht mehr erbrochen.
Mittags: Exit leth.

Ich hatte vor, noch im Leben eine **Blutprobe zu entneh-**
men, kam aber 10 Minuten zu spät, und machte mit dem noch
nicht geronnenen Blut einer Armvene und mit dem schon etwas
eitrigen Infiltrat der metastasischen Parotis reichliche Impfstriche auf F. P. A. Die Blutkulturen blieben sämmtlich steril.
Aus der Metastase keimte in jedem Stich und Strich sehr üppig
der staph. pyog. aus. 4 Tage später übertrug ich das auf dem
Agar feucht erhaltene Blut auf F. P. G., ohne ein anderes Resultat zu erhalten.

Die Obduction ergab folgendes: Därme stark aufgetrieben, zeigen an den
Berührungsecken lebhaft geröthete Längsstreifen. Sonstige Zeichen von Peritonitis fehlen aber. Die eingeklemmt gewesene Schlinge ist mit anderen Eingeweiden und in sich so verwachsen, dass die Passage in ihr noch eine schwierige
ist. Doch sind jetzt Fäcalmassen unter derselben. Die Schlinge ist bläulich-
roth-schieferfarben. Da sie adhaerirt, ist sie nicht abgestorben. Die Schleimhaut
zeigt tiefe Ulcerationen, und zwar entsprechen die erwähnten gelben Pünktchen,
welche bei der Operation auf der Serosa bemerkt wurden, den tiefsten Stellen
dieser Schleimhautgeschwüre. Auch in dem erweiterten Darmtheil oberhalb der
Incarceration sind bedeutende Ulcerationen. Im Mesenterium zeigen die Venen
keine Veränderung. Weder Bauch- noch Brustorgane bieten etwas Pathologisches.
Milz nicht vergrössert; Niere normal. Unabhängig von der Erkrankung ist ein
chronischer Hydrocephalus internus.

Liesse sich aus dem Umstande, dass bei diesen beiden
Fällen von Sepsis aus dem Blute Microbien nicht keimten, der
Schluss ziehen, dass bei ihnen eine allgemeine Verbreitung, eine
Durchwachsung des Körpers durch ein bestimmtes Mikrobion,
wie z. B. bei der Mäusebacillensepsis oder der Bacteriensepsis

nicht stattgefunden habe, so würde es sich wesentlich um Pto-
maïnintoxicationen **von** dem örtlichen Herd aus handeln müssen.
Wir finden bei **Ebeling** eine enorme Zertrümmerung des
Knochens und der Weichtheile mit Einschluss des Kniegelenks
ohne primäre Antisepsis; bald werden Weichtheile und Knochen
stinkend faul, auch der Amputationsstumpf wird putrid und
eitrig. Es findet sich Embolie einer Lungenarterie **und Lungen-**
ödem. Dieser Befund würde recht wohl zu der **Annahme stim-**
men, dass entweder der **invasive und giftige Bacillus** Nr. 3 oder
der staph. pyog. aur. oder beide zusammen das ihnen zugängig
gemachte, **mit Blut** infiltrirte, **gequetschte** Gewebe befielen **und**
hier **theils durch** Ptomaïnvergiftung, theils aber auch, **wie bei**
Verbrennung oder Anätzung grösserer **Parthien** lebenden **Ge-**
webes durch Bildung von Fermentblut allgemein nosogen wirkten.
Auch in dem Fall Mook müssten wir **unter obiger** Voraussetz-
ung **ähnliche** Verhältnisse **annehmen.** Hier ist das alleinige
Auftreten des staphylococcus in der Metastase von Interesse;
setzt doch Ogston gerade von dem staphylococcus die Bildung
scharfer chemischer Stoffe voraus! sehen wir **durch** Injection in
das Blut oder in seröse **Höhlen Thiere** unter Erscheinungen
jäher **Sepsis sterben!** Der staphylococcus pyog. aureus war in
allen 3 Sepsisfällen vertreten. **Indessen der obige Schluss aus**
dem Sterilbleiben **der Blutkulturen** auf F. P. A. **ist zur Zeit**
durchaus noch **nicht gestattet.** Wissen **wir doch wie** schwierig
die Kultur **gerade der** specifisch-pathogenen Microorganismen
ist, wie differente Färbungs- und Kulturmethoden nöthig waren,
den Tuberkelbacillus zu erkennen und zu züchten, wie manche
Mikrobien, deren Existenz wir folgern müssen, z. B. bei Schar-
lach, Masern, Syphilis etc. **bis** jetzt unserer Wahrnehmung
spotten! So könnte also auch **das** Mikrobion der menschlichen
Sepsis trotzdem noch auch in solchen Fällen, wie die beiden
genannten als gemeinschaftliche Aetiologie in der Zukunft auf-
gedeckt werden. Sehen wir freilich, wie in anderen Fällen die

septische Allgemeinerkrankung so evident von Invasion der
bekannten Eitercoccen oder auch von leicht nachzuweisenden
Bacillen abhängt, so verliert eine solche Annahme an Wahrscheinlichkeit. Solche Fälle sind die vier folgenden, zwei von
progressiver Gangrän, zwei von progressivem, brandigem Emphysem.

B. Progressive Gangrän.

Ein 54 jähr. Schuhmacher, K. Sandvoss, verletzte sich vor 4 Tagen am
Zeigefinger der rechten Hand. Schon am nächsten Tag waren Finger und Hand
geschwollen, heftige Schmerzen, Frost und Hitze. Stat. praes.: Handrücken und
Handfläche stark phlegmonös geschwollen. Zeigefinger unförmig, blau. Ein
Abscess in der vola manus wird incidirt und drainirt und am Zeigefinger mehrere
Incisionen gemacht, um durch Entspannung der Haut der drohenden Gangrän
vorzubeugen. Am folgenden Tage höheres Fieber; der Unterarm stark geschwellt,
livid, Stichelung desselben neben grossen Incisionen; Hochlagerung und Einwick-
lung in nasse Carboljute. In den folgenden Tagen hohes Fieber. Der Zeigefinger ist gangränos Der Vorderarm zweifelhaft. Die Phlegmone langsamer
fortgeschritten. Am 5. Tage nach der Aufnahme zeigt sich der Unterarm bis
zur Mitte brandig abgestorben. Hohes Fieber. Seit Tags vorher circumcript
geröthete Hautpartien an beiden Unterschenkeln. Am folgenden Tage sind die
genannten Partien, welche sich rechts weithin auch bis zum Oberschenkel verbreitet haben, stellenweise blau mit bläulichen Blasen bedeckt. Hohes Fieber,
Delirien; Abends des 6. Tages nach der Aufnahme Tod. Bei der Section zeigte
sich der rechte Unterarm geschwellt, schmutzig grünlich, die Epidermis in Blasen
abgehoben. Bei Incision der Haut gelangt man in eine brandige Jauche, welche
die ganze Muskulatur gleichmässig durchtränkt. Das rechte Bein bis hoch oben
an den Oberschenkel ist in gleicher Weise verfärbt und verjaucht, schlaff, mürbe.
Lungen stark bluthaltig; Bronchien entleeren Oedemflüssigkeit. Milz mässig
geschwollen. Nieren blass, trüb; Leber schlaff, etwas getrübt. Darmschleim-
haut geschwellt, geröthet, zum Theil hämorrhagisch und mit Schleim bedeckt.
Im Colon transvers. ein thalergrosses Cylinderepitheliom; Herzmuskel, Niere und
Leber waren parenchymatös entzündet.

12 Stunden vor dem Tode incidirte ich nach sorgfältigster
Desinfection die Stelle am rechten und auch am linken Bein,
und zwar da, wo keine Blasen sich befanden, und impfte die

entleerte, trüblich röthliche Flüssigkeit auf P. F. G. Es keimte
überall eine Reinzucht des strept. pyog. Es ist in diesem Fall
der Kettencoccus nur auf F. P. G. gezüchtet worden; sollte
man fragen, ob dadurch der Kettencoccus sicher genug als
strept. pyog. festgestellt sei, so würde ich auf den folgenden,
ganz analogen Fall verweisen, in welchem die Identität durch
Parallelzucht festgestellt ist.

Ein 40jähriger Bremser, W. Neuhaus, hat sich vor 10 Tagen an einer
ganz neuen Bohnenstange, nach späteren Angaben, oder auch zum zweiten Male
vor 8 Tagen an dem Geräthekasten der Bremser, eine kleine Risswunde auf
der Mitte der Rückenfläche der Grundphalanx des rechten Zeigefingers, etwas
mehr an der radialen Seite desselben, zugezogen. Diese wurde nicht weiter be-
achtet, bedeckte sich mit Borken und wurde schliesslich eine Eiterblase, welche
offenbar Anfangs harmlos war. Vor 5 Tagen entstand auf der Rückenfläche des
rechten Vorderarms, etwas unterhalb der Mitte an der radialen Seite ein fünf-
markstückgrosser rother Fleck, welcher Schmerz verursachte und sich rasch zu
einer Phlegmone vergrösserte. Während diese anstieg, wurde Pat. kränker und
bekam vor 2 Tagen, am 19. X 83, einen regulären Schüttelfrost. 21. X. Stat.
praes.: Eine derbe, stark dunkelrothe, phlegmonöse Anschwellung nimmt die
ganze Vorderfläche und auch den radialen Theil der Dorsalfläche des rechten
Vorderarmes ein. Nirgends Fluctuation. An dem etwas mehr radialwärts ge-
legenen Centrum der Phlegmone zeigt die cutis an einem etwa daumengrossen
Streifen blau-braune Färbung und ist auch hier und in der Umgebung die Epidermis in bläulichen und bräunlichen Blasen abgehoben. Achseldrüsen wenig
geschwellt, aber etwas schmerzhaft. Beim Einschnitt in die Phlegmone dringt
man durch die geschwellte ödematöse, durch und durch dunkle Cutis zu einer
flachen, gleichmässigen, trüb infiltrirten Lage des Subkutangewebes. Dasselbe
sah nicht aus, wie die gewöhnlichen, eitrig infiltrirten Fetzen, welche dann später
ausgestossen werden, sondern war nur verfärbt und infiltrirt Von diesem Gewebe
wurde unter sorgfältigsten Cautelen ein Stück entnommen zu Kulturen und mikroskopischer Untersuchung. Temp. 40. Grosses Schwächegefühl. 22. X. Phlegmone bis zum Oberarm fortgeschritten trotz aller therapeutischen Massnahmen.
Grosse Schwäche; Pat. delirirt. 23. X. Am Vorderarm werden grosse Incisionen
gemacht, die Haut zeigt sich hier und am Oberarm total unterminirt und fliesst nun
etwas dünner Eiter unter ihr heraus. Die ursprünglich blaue Stelle am Vorderarm ist jetzt schwarz-brandig geworden, Temp. 39,9. Auf der Brust vorn zeigt
sich ein eigenthümlicher Ausschlag. Die Haut ist von confluirenden rothen

Stippchen bedeckt und sieht ganz aus wie beim Scharlachexanthem, nur dass die
Stippchen in ihrer Mitte ein minimes weisses Pünktchen — minimes Eiterbläschen
— haben. Auf die Hypothese, dass dieses capilläre subepidermoidale Coccen-
embolien sein könnten, wurde das Herz untersucht, aber normal befunden. 24. X.
Die Eruption ist jetzt auch auf grosser Fläche an der Innenseite beider Oberschenkel erschienen. Auf der Brust fliessen die Eiterbläschen zu grösseren zusammen. Die brandigen Stellen sind grösser geworden. 25. X. Trockene Zunge,
mässiges Fieber. Der Process schreitet unaufhaltsam fort und ist bis zum Rumpf
gekommen. 26. X. Hohe Morgentemp., Pat. sehr elend, bewusstlos. Bei Entfernung der gangränösen Haut am Vorderarm zeigt sich, dass auch die Muskulatur
durch und durch brandig ist. Die livide Färbung mit Blasenbildung als Zeichen
des schon gangränösen Absterbens ist bis zur Achsel gekommen, während der
Vorläufer, die erysipelatöse Zone, schon weiter ist. 27. X. Pat. pulslos. Gegen
Mittag erfolgt der Tod. Section: rechter Arm, besonders in den oberen Parthien stark geschwollen, die Haut zeigt innen am Oberarm schmutzig - rothe
Streifen und Flecke; in der Gegend des Ellbogens sind noch einige Streifchen
nekrotischer Haut erhalten, sonst liegen die in Gangrän befindlichen Muskeln und
Fascien frei zu Tage und lassen reichlich trübliche, grau-rothe Flüssigkeit aus-
sickern. In der Bauchhöhle ist kein fremder Inhalt. In beiden Pleuren hin-
gegen, wie auch im Herzbeutel reichlich röthliches Exsudat. Beide Lungen bis
auf geringe Stellen ödematös; Bronchialschleimhaut bis in die feinsten Aeste
geschwollen und geröthet. In den Bronchien etwas gefärbter, röthlicher Schleim.
Herzfleisch sehr schlaff, trübe, zeigt gelblichen Farbenton. Beide Ventrikel etwas
vergrössert, Muskulatur verdickt. An Endocard und Klappen keine acuten Veränderungen. Milz stark vergrössert, von braunrother Färbung und so weich, dass
nach Incision die Pulpa wie ein Brei ausfloss. Nieren schon stark faul, Leber
sehr gross, weich, gelblich, Schnittfläche trübe. In den grossen Gefässen des
erkrankten Armes, sowie in der vena subclavia dext. ist nur flüssiges Blut.

In den am 21. X. sofort angelegten Kulturen keimte überall
ganz gleichförmig eine sehr energische Kultur des strept. pyog.,
Fig. VIII. Von der ersten Kultur brachte ich bei mehreren
Mäusen und bei 2 Kaninchen in kleine Hauttaschen so viel
als möglich ein, es erfolgte keinerlei Reaction, nicht einmal ein
Abscess. Diesen Misserfolg erkläre ich mir daraus, dass die
Kultur zu alt geworden war. Ich machte nun eine Reihe von
Parallelzüchtungen auf Gläschen mit F. P. A. von derselben
Portion, die nebeneinander in derselben Temperatur lagen und

monatlang beobachtet wurden mit dem Kettencoccus „Neuhaus" und mit einem anderen beliebigen Kettencoccus und zwar von der Drüsenphlegmone nach Scharlach. Das Resultat lege ich dem Leser vor in Fig. VIII. und VI. Es war weder makroskopisch noch mikroskopisch ein Unterschied zu finden. Es wurden ferner Gewebsschnitte von dem ausgeschnittenen Stückchen untersucht. Der Coccus hatte das Gewebe diffus durchsetzt, ähnlich wie es Ogston beschreibt. Zwischen den noch sichtbaren Gewebselementen lag er wie Sand, theils einzeln, theils zu zwei oder drei, selten zu längeren Ketten angeordnet.

Wir haben hier zwei Fälle progressiv brandiger Phlegmone, der erste mit Metastasen, von gleich progressiv - brandigem Charakter beide mit schwer septischen Allgemeinsymptomen. So wenig mir Anfangs Ogstons Behauptung, dass auch die Septicämie alleinig und unveränderlich durch Mikrococcusvergiftung hervorgerufen werde, einleuchten wollte, weil ich durchaus glaubte, dass bei so besonderen Fällen, wie diese namentlich, ganz specifische Organismen im Spiel sein müssten, so haben doch besonders diese Untersuchungen meine Ansichten zu Gunsten Ogston's geändert. Derselbe hat ganz gleiche Fälle beobachtet. Er beschreibt die Erkrankung unter dem Namen ›Erysipelatoid Wound Gangrène‹ und hat ebenfalls gefunden, dass all diese Fälle durch Streptococcus bedingt seien (welchen er allerdings nur mikroskopisch, nicht durch Kulturen erwiesen hat). Leider bringt O. diese Krankheit mit dem Erysipel zusammen und nennt sie die intensivste und bedenklichste Form des Erysipelas. — Da dieser Streptococcus auch in ganz unschuldigen Abscessen so häufig gefunden wird, so möchte Mancher doch an der Richtigkeit der genannten Kultivirungs-Resultate zweifeln. Wäre es doch möglich, es sei dieser Pilz, weil leicht keimungsfähig, zufällig aufgekeimt, während das eigentliche nosogene Microbion vielleicht überhaupt nicht auf dem angewandten Nährboden keime. Dies widerspricht aber zu

sehr dem mikroskopischen Befund der befallenen Gewebe, wie
er von Ogston und in meinem Falle constatirt wurde. Wo
in der beschriebenen Weise in dem eben befallenen, noch
lebenden Gewebe, Coccus neben Coccus und Kette neben Kette
verstreut liegt, während keinerlei anderes Microbion, so weit
wenigstens die mikroskopische Unterscheidung reicht, zu finden
ist, da muss man wohl dem Kettencoccus die Schuld bei-
messen. — Fragen wir, ob denn auch andere Eitercoccen progressive Gangrän veranlassen, so vermag ich darauf nicht zu
antworten, da ich erst diese zwei Fälle dieser seltenen Erkrankung zu untersuchen Gelegenheit hatte. Doch beschreibt O.
unter dem Namen »sloughing inflammation or inflammatory
mortification« eine ähnliche ausgedehnte Invasion von Staphylococcen, welche zu Abscedirung aber auch zu Gangrän
von Fingern und Hautparthien führen, ja auch den Tod
durch Allgemeininfection herbeiführen kann. Auch erhielt O.
wohl bei Injectionen von Staphylococcus bei Thieren solche
Hautgangrän. Ich glaube indess, dass es sich hier mehr um
eine einmalige Ueberschwemmung mit grossen Mengen von
Coccen handelt, während im Fall »Sandfoss« und »Neuhaus«
und in O.'s »erysipelatoid disease« ein wirkliches Weiterwandern
der Affection, ein Durchwachsenwerden durch die Coccen nicht
geleugnet werden kann. Es scheint der Strept. pyog. diese
Eigenschaft mit dem Strept. erysip. Fehl. zu theilen, während
Letzterem (abgesehen davon, dass er einmal eine Hautstelle am
Fuss- oder Handrücken etc. brandig macht) sowohl die pyogene
wie auch die gangränescirende Eigenschaft fehlt. Es gibt wie
bekannt, noch andere progressive Entzündungen und Gangrän-
formen, so vor allen Dingen das maligne Oedem, von welchem
ich indess keinen Fall berichten kann. Dagegen kann ich
2 Fälle von brandigem Emphysem, einer in vorantiseptischen
Zeiten wohlbekannten, gefürchteten Krankheit berichten.

C. Progressives, gangränöses Emphysem.

Franz Fust, 21jähriger Maurer.   Ein fallender Baum traf heute den Unterschenkel des kräftigen, stets gesunden Mannes, zerschlug ihn am Uebergange vom oberen zum mittleren Drittel, — die Tibia schräg, die Fibula in der Mitte. **Ent**sprechend finden sich Hautperforationen in der Wade, während vorn **die Haut** erhalten ist. Pat. ist 6 S t u n d e n nach der Verletzung aufgenommen **mit stark** geschwollener Extremität, die oberhalb des Gelenkes hinauf seitlich crepitirt durch Blut o d e r L u f t. Incision vorn auf **die Knochen. Drainage seitlich und hinten** auf den Knochenspalt, so exact als nur thunlich, reichliche Ausspülung mit Carbol. Am folgenden Tag, 20. **V. 81: Schwellung ist nicht weniger geworden.** Pat. ist eigenthümlich **ruhig, Ausspülung** mit Carbol. **21. V. Deutliche Putres**cenz der Wunde bei geringer Schwellung, Ausspülung mit 10 °/₀ Chlorzinklösung. 22. V. Wegen stärkerer Putrescenz Ablation des femur im unteren Drittel. Die Muskulatur des Unterschenkels (manche tiefere strata sind verschont) ist zu einer eigenthümlichen rothbraunen von Gasbläschen durchsetzten, lockeren, schaumigen **Masse geworden. 24. V. Der** Stumpf ist wieder in derselben Weise erkrankt, **Patient** verfallen, klagt über die rechte Hüfte, sieht leicht icterisch aus, stirbt Mittags 2 Uhr an foudroyanter Sepsis. Obduction **nach nicht** ganz 24 Stunden: Stark faulige Leiche mit allgemeinem Fäulnissemphysem. Abgesehen von peribronchitischen älteren Käseherden und einer ziemlich ausgebreiteten Fettembolie findet sich nichts Abnormes. Milz gross, dunkel, Pulpa zerfliesslich.

Die abgesetzte Extremität untersuchte ich sofort nach der Ablation. Es fand sich ein ausgebreitetes, knisterndes Emphysem mit eigenthümlichem Fäulnissgeruch und waren die Muskeln in grosser Ausdehnung in jene genannte braune, knisternde Pulpa verwandelt. Auf Deckgläschen gestrichen, zeigten sich sehr charakteristische Organismen, längere und kürzere Stäbe von ziemlicher Dicke. Häufig findet man an dem einen Ende kürzerer Glieder eine grosse, glänzende, sich nicht färbende Spore (Fig. 12.) Diese Bacillen waren in jedem Gesichtsfeld in grosser Menge vorhanden; so zählte ich in einem beliebig eingestellten 53 (Winkel, Oelimmersion $^{1}/_{14}$ Ocul. 4). Erst wenn man darnach suchte, konnte man **wohl** einmal einen vereinzelten Coccus antreffen. Diesen Befund konstatirte ich an den frischest erkrankten

Parthien, und muss nach demselben die Bacillen als das pathogene Microbion auffassen. Alle Versuche der Kultur desselben blieben erfolglos.

Eine 35jährige Frau, Melusine Lücke, kommt 25. IV. 81 in die Klinik, um sich fistulöse Lymphome der rechten Achselhöhle extirpiren zu lassen. 26. IV. Ausräumung der Achselhöhle ohne Zwischenfall unter den üblichen Lister'schen Cautelen. 27. IV. Verbandwechsel, nichts Auffallendes zu bemerken, Abends war die Temperatur etwas erhöht. Am 28. Morgens wieder normal; nur klagte Patientin über nicht bedeutende Schmerzen in der Achsel, die auf Unbequemlichkeit des Verbands zurückgeführt wurde, doch fiel am 28. Abends ihr elendes Aussehen auf. Temp. 39, Puls 160, Respiration 40. Rechter Arm bis zum Handgelenk roth und geschwollen. Auf der Rückseite desselben unter dem Verbande und nach unten bis über den cond. int. hinaus ist die Haut bräunlich, Sepia-farben mit Blasen bedeckt. Nach Abnahme des Verbandes zeigt sich starker Fäulnissgeruch des hinteren Drainrohrs, ausgedehnte braunrothe Verfärbung und Schwellung der Weichtheile bis zum Halse und auf dem Rücken nach unten bis zur letzten Rippe. Wo man auch auf diese Schwellung drückt, fühlt man Knistern von Emphysem. 1 Uhr Nachts Puls nicht mehr zu fühlen, Aether-Injectionen. Unter rapidem Fortschreiten der Gangrän starb Patientin 4 Uhr Morgens. Section: der rechte Arm, Schulter, Halsgegend, Nacken sind geschwollen, schmutzig-bräunlichroth; beim Einschneiden zeigt sich besonders in den hinteren, der Wunde benachbarten Abschnitten eine eitrige Phlegmone sowohl des subcutanen als des intermuskulären Bindegewebes. In etwas weiterer Entfernung von der Wunde tritt weniger eine eiterige als hämorrhagische Infiltration der Muskeln hervor, welche dadurch in grosser Ausdehnung schwarz-roth gefärbt sind. Ich ergänze das Protocoll, indem ich hinzufüge, dass ihre Substanz in eine von Gasbläschen durchsetzte, schaumige Pulpa verwandelt war, welche denselben eigenthümlichen Fäulnissgeruch zeigte wie im vorigen Fall. Die Venen, auch diejenigen, welche im Grunde der Wunde in grösserer Ausdehnung frei präparirt sind, enthalten flüssiges Blut, im übrigen findet sich, abgesehen von einigen verkalkten Lymphdrüsen, nichts Abnormes.

Ich entnahm 5 Stunden nach dem Tode Stücke der schwarzrothen, knisternden Muskelpulpa von solchen Stellen, welche mir am frischesten erkrankt schienen. Leider schlugen alle Kulturen, sowohl auf festem Nährboden Impfstrich und Impfstich als im Blutserum, fehl. Mikroskopisch fand sich in der Muskelpulpa genau derselbe Bacillus wie im vorigen Falle,

nur in noch grösserer Menge und mit mehr sporentragenden
Gliedern (Fig. 13). **Ich fand** in einem beliebig genommenen
Gesichtsfelde, unter denselben optischen Bedingungen wie im
vorigen Fall, 133 Exemplare und daneben nicht einen **einzigen**
Coccus. In einer der gemachten Kulturen in (nicht erstarrtem)
Serum, deren Impfmaterial der eitrigen Zone vielleicht näher
entnommen war, als ich beabsichtigte, keimte **nach längerer**
Zeit strept. pyog. Wenn auch in diesem **Falle** die Invasion
des Emphysembacillus wahrscheinlich **von einer eitrigen, ört-**
lichen Infiltration ausging, dieselbe überholend, so kann nach
dem mitgetheilten Befunde kein Zweifel sein, dass auch **hier**
der Bacillus **das nosogene** Microbion dieses Rauschbrandes war.
Die Schuld **an dem Fehlschlagen** sämmtlicher Kulturversuche
glaube **ich übrigens meiner damals** noch mangelhafteren Technik
zuschreiben zu müssen.

XI. Pyämie.

Einleitung.

Hätte man doch mit dem **Material** vergangener Zeiten
und zugleich mit den jetzigen Mitteln arbeiten können! Ich
habe nur 6 Fälle von Pyämie **im Laufe der Zeit** untersuchen
können, welche Alle diese Krankheit in typischster Weise
repräsentiren. Doch scheint mir, als habe die energische antiseptische Behandlung, wenn sie auch den unglücklichen Verlauf
nicht aufhalten konnte, das klinische Bild etwas anders gestaltet,
als man dasselbe in vorantiseptischen Zeiten zu sehen gewohnt
war. Indess dürfte diese Aenderung nicht zu Ungunsten der
ursächlichen Forschung eingetreten sein, weil sie in einer
Vereinfachung besteht. Die Complicationen, welche das Mit-
leben verschiedenster Organismen in den pyämischen Wunden
veranlasste, — Organismen, welche zum Theil gar nicht in
lebenden Geweben fortkommen können, sondern nur in dem

Secret schmarozten, dasselbe zersetzen und die sogenannte
Wundjauche — Ichor — bilden halfen — sind hinweggefallen.
Trotzdem aber ist der wesentliche Symptomcomplex übrig geblieben, welcher auch bei strengsten Anforderungen dem alt-
hergebrachten Bilde typischer Pyämie entspricht, wenn auch
die Wunde ein völlig geruchloses, ja gar kein Secret ab-
sondert. Ich werde Fälle mittheilen, bei denen aus den Kulturen
mit grosser Wahrscheinlichkeit hervorgeht, dass wir es mit
der Pyämie in ganz reiner Form, bedingt durch einen einzigen
Mikroorganismus, zu thun hatten; entkleidet von all den Symptomen, welche, wenn sie auch in vorantiseptischer Zeit sehr
regelmässige waren, dennoch dem eigentlichen Kern der
Krankheit nichts angehen.

Die Ausdrücke Pyämie oder Pyohämie — infectio puru-
lenta, Eiterinfection, Eiterfieber, Eitervergiftung, Eitersucht entstanden Alle aus der Anschauung, dass die Krankheit durch
Beimengung von Eiter zu dem Blut entstehe. Hüter defi-
nirte 1869 die Pyämie als eine Erkrankung, welche sich durch Aufnahme von Bestandtheilen des Eiters in das Blut entwickle, mögen
diese nun dem Eiterserum oder den Eiterkörperchen angehören.

Die neueren, klinischen Erfahrungen, das Verschwinden
der Pyämie mit der Einbürgerung der antiseptischen Wundbehandlung befestigten und verbreiteten überall die Ansicht,
dass die Pyämie eine Infectionskrankheit sein müsse. So definirt
denn auch Gussenbauer dieselbe als

>jene allgemeine Infectionskrankheit, welche durch die
Aufnahme von Bestandtheilen inficirten Eiters in das
Blut entsteht und sich durch die Entwicklung multipler
Eiterungen in verschiedenen Organen und ein intermit-
tirendes Fieber vor anderen septischen Infectionskrank-
heiten auszeichnet.«

Nachdem aber nunmehr festgestellt ist, dass ein jeder Eiter,
den wir am Krankenbette beobachten (von seltenen Ausnahmen

abgesehen) inficirt ist, weil er der Invasion und Wirkung von Mikrobien, welche **er** in grösserer oder geringerer Menge enthält, seinen Ursprung verdankt, so verträgt sich die alte Definition sehr wohl mit der modernen Anschauung, dass die Pyämie **eine** Infectionskrankheit **sein müsse.** Es würde also Gussenbauers Zusatz überflüssig sein, falls man nicht für **die** Pyämie einen von dem der gewöhnlichen Eiterung verschiedenen Infectionsstoff annehmen will. Das thut nun G., **allerdings, indem** er sagt:

»Nach dem gegenwärtigen Standpunkte unserer Kenntnisse wird man vorläufig in Uebereinstimmung mit den erwähnten experimentellen Untersuchungen annehmen **müssen, dass die** Pyämie durch eine specifische Art von Mikroorganismen verursacht wird . . . .«

Diese Streitfrage beherrscht augenblicklich die Lehre von der Aetiologie der Pyämie. Koch hat zuerst unter den verschiedenen Wundinfectionskrankheiten, welche er uns am Thier kennen lehrte, eine Pyämie beim Kaninchen erzeugt, welche eine sehr vollständige Analogie mit der Pyämie beim Menschen zeigt. Diese Pyämie hat als einzige Ursache, wie K.'s Untersuchungen mit Sicherheit darlegen, einen eigenthümlichen Coccus, welcher verschieden ist von all' den anderen, besonders auch von demjenigen, welcher die käsige Eiterung beim Kaninchen hervorruft. Weitere Beobachtungen in Bezug auf diese Frage liegen nun auch mehrfach bei pyämischen Erkrankungen des Menschen vor.

Vogt[1]) fand 1872 in einem metastatischen Herd (Handgelenk) bei einem 54jähr. Arbeiter, welcher nach einer Amputation pyämisch geworden war, massenhafte »Monaden.« Auch in dem Blut des durch lymphatische und paraphlebitische Streifen gerötheten Oberschenkels befanden sich diese.

---

[1]) Centralbl. für die med. Wissenschaften. 1872, Nr. 44.

Burdon Sanderson [1]) fand experimentell bei septischen
und pyämischen Erkrankungen zwei wesentlich verschiedene
Organismen und zwar bei den septischen »the rod oder bacterium vibrio« — bei infectiösen Eiterungen »the dumb bell oder
bacterium varicosum.«

Birch Hirschfeld [2]) untersuchte sogenannten »guten«
und auch pyämischen Eiter und Wundsekrete in Bezug auf
das Auftreten von Microbien. Er fand in gutem Eiter im Allgemeinen keine (?), wohl aber bei schlechten Wundverhältnissen
mit Fieber Kugelbacterien und beschuldigt diese als Ursache
dieser Störungen, während er die in Wunden zuweilen ebenfalls anzutreffenden Fäulnissbakterien für nicht wesentlich pathogen hielt.

Wichtig und bemerkenswerth sind die Untersuchungen
von Orth [3]) bei Gelegenheit einer Puerperalfieber-Epidemie in
Bonn. Er fand Micrococcen in Haufen und Ketten in den
Leichen, welche eitrige Peritonitis, Parametritis, Lymphangitis
uterina, oft auch Diphteritis-ähnliche Endometritis aufwiesen.

Pasteur [4]) untersuchte ebenfalls mehrfach Puerperal-
fieberkranke und kommt zu dem Resultat,

»dass man unter dem Namen Puerperalfieber sehr verschiedene Krankheiten rangire ; alle aber scheinen die
Consequenz der Entwicklung gewöhnlicher Organismen
zu sein, welche durch ihre Gegenwart den Eiter inficiren,
der naturgemäss auf der Oberfläche · der verwundeten
Parthien gebildet werde (?) und welche sich von da
verbreiten, unter der einen oder andern Form, auf diesem

---

[1]) Transactions of the pathol. Society of London. Vol. XXIII p. 303 bis
308. 1871.

[2]) Archiv der Heilkunde XIV. 1873. Referat. Centralbl für die medic.
Wissensch. 1873, p. 569.

[3]) Virchow, Archiv 1873, Bd. 58, p. 437.

[4]) Bullet. de l'Acad. de Méd. T. 9. 1880, p. 440 u. ff.

oder jenem Wege der Blut- und Lymphcirculation in diese
oder jene **Parthie** des Körpers und dort Krankheitsformen
bedinge, verschieden nach diesen Theilen — nach der
Natur des Parasiten und der allgemeinen Constitution des
Kranken.«

Sieht man übrigens P a s t e u r s Fälle im Einzelnen **durch,**
so wurde unter 6 tödtlichen Fällen von Puerperalpyämie **5mal**
das microbe en chapelet constatirt.

D o l é r i s [1]) fand, dass die schweren Fälle (abgesehen von den
foudroyant septischen) von Puerperalinfection so **speciell durch**
einen **bestimmten Mikroorganismus bedingt werden, dass er**
diesen **als den specifischen** glaubt ansehen zu können. Es
ist dieses **der Mikrococcus en forme de chapelets
de grains, nach meiner** Terminologie wahrscheinlich der Strept.
pyog. Sehen wir D o l é r i s zahlreiche und sorgsame Beobachtungen und Kulturen theils aus dem Blut, theils aus dem Eiter
von Lebenden und Leichen entnommen im Einzelnen durch,
so finden wir, dass auch in den langsamen Puerperalfieber-
Fällen, welche der Pyämie gleichen und **auch bei den mehr
chronischen** ganz vorwiegend die chapelets auftreten.

Auch O g s t o n vertritt, **namentlich in seiner** neuesten
Arbeit, [2]) die Ansicht, dass die **Pyämie, selbst die** acutesten
Formen derselben, von der einfachen Entzündung nur graduell
und quantitativ verschieden sei. Pyämie, Septicämie und
Septicopyämie seien nur Symptome von „Mikrococcusver-
giftung".

Man möchte daraus, wie aus allen anderen Beobachtungen
Ogston's schliessen, dass er in der That nichts anderes als
die Eitercoccen auch als Ursache der Pyämie annimmt, aber
gerade darüber verhält sich O. sehr reservirt und will nur von
dem Mikrococcus im Allgemeinen geredet haben. Ob vielleicht

[1]) l. c. [2]) l. c.

unter den Coccen die Zukunft besonders specifische Formen
aufdecken werde, — die Frage lässt er offen. Unter solcher
Reserve dürfte nun allerdings mit dem Ausdrucke „Mikrococcus poisoning" nicht viel gesagt sein. Wir lesen aber ferner:

> „Es gibt keine Krankheit wie Septicämie oder
> Pyämie per se — solche Zustände sind nur secundäre
> Krankheitserscheinungen, abhängig von lokalen Herden
> von Mikrococcuswucherung. Erstere sind nur der Aus-
> druck der malignen Einflüsse, welche von diesem Herde
> kommen,. und würden in jedem Fall verschwinden, wenn
> es in unserer Macht stände, den Herd zu entfernen oder
> zu kuriren."

Da nun die lokalen Herde von den Eitercoccen gebildet
werden, so möchte man in der That annehmen, dass Ogston
diese und deren Ptomaïne auch als Ursache der pyämischen
Allgemeinerkrankung im Auge hat.

Uebrigens halte ich es für zu weit gegangen, die Allgemeinerkrankung bei Pyämischen in dem Grade nur für secundär aufzufassen, dass sie mit den örtlichen Herden stehe
und falle.

Für die weitere Erörterung der Frage nach dem Mikroorganismus der Pyämie muss ich die Fälle derselben nach
dem bekannten Schema der meisten Autoren in 2 Haupt-
gruppen eintheilen (welche aber combinirt vorkommen können,
ja wohl meist so vorkommen). Die erste Gruppe wird repräsen-
tirt durch solche Fälle, welche sich zu grösseren und kleineren,
jedenfalls aber nennenswerthen Herden, z. B. einem eiternden
Gelenk, Knie, Hüfte u. s. w., einer eiternden, grösseren Weich-
theils-Quetschwunde, einer complicirten, eiternden Fraktur,
einem nicht oder unvollständig entleerten Abscess etc. etc. hinzu-
gesellen. Das Schema dieser Fälle besteht darin, dass durch
Herde, welche dem Körper dauernd Krankheitsstoffe zuführen,

die Allgemeinerscheinungen unterhalten werden. Für diese Gruppe trifft Ogston's Beschreibung zu. Wir sehen hier die Kranken unter hektischem Fieber hinsiechen bis zum Tode, oft ohne dass weitere besondere Erscheinungen eintreten. Die zweite Gruppe bilden Fälle, bei denen ein nennenswerther Herd nicht zu bestehen braucht. Oft dringt nur durch einen kleinen Stich oder Riss oder Furunkel etc. der Infektionsstoff ein. Das Schema dieser Fälle ist, dass auch ohne bleibenden Herd nach einmaliger, eventuell sehr geringfügiger Infektion pyämische Allgemeinerkrankung erfolgt.

Wir wollen zunächst die erste Gruppe in's Auge fassen und fragen, ob in solchen Fällen die pyämische Allgemein-erkrankung durch ein besonderes, specifisches Microbion bedingt sei, von welchem wir dann annehmen müssten, dass es sich beim längeren Bestehen der Eiterung zufällig mit auf der Wundfläche angesiedelt hätte, oder ob man die pyämischen Symptome einfach aus der Wirkung der gewöhnlichen Eiter-mikrobien erklären könne. Meine Beobachtungen weisen darauf hin, dass Letzteres der Fall ist.

Man hat sich gewöhnt, einen acuten Abscess als eine leichte Erkrankung anzusehen, welche sogar therapeutisch be-sonders dankbar ist. Man öffnet den Abscess — dann sind Phlegmone, Schmerzen, Fieber und schlechtes Befinden auf einmal vorbei. Man macht den Schluss, — die Eitercoccen müssen doch sehr unschuldiger Natur sein. Indessen der Abscess ist gar nicht mehr die eigentliche Erkrankung, sondern nur der Ausgang der schon mehr oder weniger lange vorher spontan abgeschlossenen eigentlichen Erkrankung — nämlich einer circumscripten Cocceninvasion. Wenn auch bei dem Abscess noch Schmerzen, Phlegmone, Fieber und sonstige Allgemeinerkrankung bestehen, so sind sie die Folge wohl grösstentheils von Ptomaïn-Diffusion und Resorption; gegen

7*

das acute **Weiterdringen der** Coccen - Schwärme pflegt schon
früh durch die Infiltration der Gewebe ein sehr sicheres
und weithin reichendes Bollwerk geschaffen zu sein. Unter
diesen Umständen ist allerdings der Abscess eine sehr unschuldige
Erkrankung, deren Heilung **nur der** Entleerung desselben harrt.
Aber nehmen wir einmal eine **von vornherein sehr** ausgedehnte
Cocceninvasion oder **eine solche mit fortgesetzter** Zufuhr, oder
eine solche in sehr lockerem Gewebe oder gar in serösen
Höhlen an, deren rascher Ausbreitung die schützende Infiltration
nicht gleichen Schritt halten kann; nehmen wir endlich kurz
an, **dass durch irgend einen** Umstand die schützende Begrenzung
nicht **genügend zu Stande komme oder,** was wohl auch häufig
der **Fall sein wird, mit der Zeit erlahme,** dann muss, das wird
Jeder zugeben, die Krankheit bald eine sehr böse Prognose
annehmen. Dürfen **wir hier Thierexperimente** heranziehen, so
beweisen sowohl Ogston's als meine Versuche und neuerdings
die Krause's, dass die Eitercoccen keineswegs unschuldige
Wesen sind, sondern schwer pathogen auch auf den Thierkörper
wirken. Doch **auch abgesehen von diesen** experimentellen
Beobachtungen glaube ich, dass kein praktischer Chirurg
leugnen möchte, dass eine acute **Eiterung an und für sich**
eventuell gefährlich werden **und den Tod nach** längerer oder
kürzerer Zeit herbeiführen **kann**; gibt es doch Todesfälle an
solchen Eiterungen, bei denen niemals der Herd eröffnet wurde,
und wo sich also kein specifisches Mikrobion der Pyämie
secundär einnisten konnte. Häufiger noch sind die Beobachtungen aus neuerer Zeit von schweren und lethalen Eiterungen, bei
denen die aseptische Behandlung das Eindringen fremder Keime
von aussen ausschliessen lässt. Zugegeben also, dass es solche
schwere, fieberhafte Erkrankungen gibt, die in letzter Instanz
nichts **Anderes** sind, als Infectionen durch die gewöhnlichen
Eitermicrobien, **so fragen wir** weiter wie sollen wir denn
solche Erkrankungen nennen? Ich glaube, dass gerade für

diese der Name »Pyämie« primo loco der berechtigte wäre, und ich glaube, **dass auch** die meisten Chirurgen die Fälle zur Pyämie gerechnet haben. Mag man nun dies thun oder mag man sie Nachfieber oder exhaustion etc. nennen, jedenfalls wird man von diesen Fällen noch eine andere Form der Pyämie **mit viel be-**stimmterem Typus, die eigentliche metastasirende Pyämie, unterscheiden müssen. Diese in vorantiseptischer Zeit leider so **häu-**fige, zu allen möglichen Wunden und Verletzungen hinzutretende Erkrankung begreift meistens auch die Fälle der zweiten Gruppe.

Wir sehen dieselben nicht selten von ganz minimen Continuitätstrennungen, **resp.** Herden, ihren Ursprung nehmen, und sehen sie auch, **wenn** inzwischen der Herd entfernt, **ge-**heilt, ja schon vernarbt ist, unerbittlich fortschreiten. Liest **man doch,** dass in vorantiseptischer Zeit, in durchseuchten Hospitälern die Pyämie sich zu kleinen, poliklinisch behandelten Verletzungen, zu Pannaritien etc. hinzugesellte; auch ich werde in Folgendem einen Fall bringen (von Laffert), bei welchem sie sich zu einem kleinen Schlägerhieb, der inzwischen heilte, hinzugesellte und unerbittlich zum Tode führte. Es ist eine solche Infectionsfähigkeit und **ein** solch' unaufhaltbares Fortschreiten der Krankheit **in diesen** Fällen nur dadurch zu erklären — **so scheint es** — **dass wir** ein Mikrobion für sie postuliren, welches **die** Eigenschaft hat, in lebendes Gewebe einzudringen, sich darin ungehindert zu vermehren und es zu durchwachsen, namentlich aber auch in den Blutgefässen zu wachsen, innen an der Venenwand, dem Klappenendokard und in den Tromben zu vegetiren und so in Metastasen neue Herde, neue örtliche Entzündung und von hier aus weitere Allgemeininfectionen zu veranlassen, bis der Tod erfolgt. **Fragen** wir nun: genügt es auch für diese Formen der Pyämie, die gewöhnlichen Eitercoccen als Ursache anzunehmen, oder müssen wir hier ein besonderes specifisches Mikrobion der metastasirenden Pyämie oder wenigstens der

sehr infectiösen Formen derselben postuliren? So sehr die
Wahrscheinlichkeit für Letzteres sprechen mag, so haben meine
in Folgendem mitzutheilenden Kulturen das Resultat ergeben,
dass das specifische Mikrobion auch der infektiösen metastasirenden Pyämie sehr wahrscheinlich nichts Anderes ist, als
der Streptococcus pyogenes, also derjenige Eitercoccus, der
sich als Erreger der gewöhnlichen Abscesse mit dem Staphyl.
pyog. aur. in der Häufigkeit um den Rang streitet. Wenn
ebenfalls Pasteur und Doléris bei dem Puerperalfieber und
ferner Ogston bei der Pyämie zu gleichem Resultate kam,
so dürfte vielleicht dennoch manchem Leser dasselbe von vornherein zweifelhaft erscheinen. Ich möchte ihn dann bitten, in dieser
Arbeit zurückzublättern, und unter den phlegmonösen Eiterungen
den Fall „Linnemeyer", ferner unter den Fällen progressiver Gangrän die Fälle „Sandvoss" und „Neuhaus" nachzusehen. Ist hier,
wie es nach den Kulturversuchen kaum zweifelhaft sein kann, das
nosogene Mikrobion in der That identisch mit dem strept.
pyog., so ist damit dargethan, dass dieser unter, wenn auch
unbekannten Umständen beim Menschen so perniciöse, parasitäre und diablastische Eigenschaften annehmen kann, dass
sie denen des Milzbrandes nichts nachgeben. Im Grunde genommen liegt auch gar kein Widerspruch darin, dass ein und
derselbe Infectionsstoff meistens nur einfache, örtliche Abscesse,
ab und an aber schwerere Allgemeinerkrankungen, welche
progressiv zunehmen und lethal enden können, bewirkte. Ich
möchte mit Ogston darauf hinweisen, dass im Gegentheil diese
Verhältnisse bei allen möglichen Infectionskrankheiten mannig-
fache Analogie finden. Beruhen doch die leichten Pockenfälle
mit Bildung von 2 bis 3 Pocken im Ganzen und kaum merk-
licher Allgemeinerkrankung auf derselben Infection wie die
foudroyantesten Erkrankungen hämorrhagischer Pocken! Führen
wir nicht auch die ganz leichten Typhen, Scharlach und Diphte-
ritisfälle auf dieselben ursächlichen Noxen zurück wie die

schweren? Jedoch, ich will auch meine Analoga aus den menschlichen Infectionskrankheiten selbst nehmen. Bekanntlich gibt es ganz leichte Milzbrandfälle, bei denen der lokale Knoten besteht, ohne das Befinden zu alteriren, und dann spontan zurückgeht. Zuweilen nimmt er auch wohl etwas zu, macht mehr entzündliche Schwellung in der Umgebung, bedingt auch wohl einige Lymphstränge und Drüsenschwellung, geht dann aber doch spontan oder nach Application eines desinficirenden Umschlages, eines Listerverbandes, einer Aetzung zurück. In anderen Fällen dagegen gesellen sich zu der örtlichen Affection, welche selbst rascher fortschreitet, bald Allgemeinerscheinungen, und diese Fälle haben dann bekanntlich recht schlechte Prognose.

Bei Milzbrand haben wir durch P a s t e u r und K o c h eine Abschwächung des Giftes kennen gelernt, welche möglicherweise zur Erklärung des verschiedenen Verlaufes dienen kann. Ob nun beim Eiterkettencoccus eine ähnliche Abschwächung existirt, oder ob die Empfänglichkeit verschiedener Individuen in so grossen Grenzen schwankt, oder ob, wie O g s t o n meint, die Menge der Organismen die wesentlichste Rolle spielt oder noch andere Dinge, darüber müssen weitere Untersuchungen Aufschluss geben.

Uebrigens will ich hiemit nicht behauptet haben, dass nicht auch noch ganz differente Infectionen, namentlich bei Fällen sehr infectiöser Pyämie im Spiel sein könnten. Davaine hat eine Potenzirung der Sepsis experimentell bewirkt, indem er von einem Individuum derselben Gattung auf das andere fortimpfte. Wir wissen nach Koch's und Gaffky's Untersuchungen, dass die hierdurch erhaltene Steigerung der Virulenz des Infectionsstoffes durch Einbürgerung specifischer, besonders wirksamer Organismen entsteht. Eine solche liesse sich auch vermuthen, wo wir durch Uebertragung von Mensch zu Mensch sehr infectiöse Formen von Pyämie beobachten. In mehreren Fällen von ›potenzirter Pyämie‹, wenn ich diesen

Ausdruck gebrauchen darf, welche ich zu beobachten Gelegenheit hatte, handelte es sich um Leicheninfection. Leider fallen diese Fälle in eine Zeit, wo ich diese Untersuchungen über die pathogenen Mikrobien noch nicht begonnen hatte. Ich will mich auch nicht in Vermuthungen ergehen, ob auch intra vitam vielleicht schon in eitrigen oder septischen Herden der Leichengift - Infections - Stoff (aus dem Körper ,selbst) sich einfinden · kann. Ferner muss ich hinzufügen, dass ebensowohl wie der Kettencoccus andere Eitercoccen, besonders der Staphylococcus Ursache der metastatischen Pyämie sein können. Wenn auch der Erstere bei allen Beobachtern vorwiegend — fast alleinig gravirt ist, so weist doch mein kleines Material einen Fall exquisiter, metastatischer Pyämie auf (Fall Holzkamp, allerdings mit Ausgang in Genesung), welcher durch den Microc. pyog. aur. bedingt wurde. Dass aber der Strept. pyog. vorwiegend häufig maligne Formen der metastasirenden Pyämie veranlasst und dazu durch seine parasitären, diablastischen Eigenschaften vielmehr geeignet ist; dass wahrscheinlich beim Staphylococcus eine weit erheblichere, Zufuhr aus dem primären Herde und zwar direct in die Blutbahn dazu gehört, wie z. B. bei den schweren Osteomyelitisfällen mit Metastasen, bei denen der coccenreiche Eiter ohne Weiteres in grosser Menge in die Venen des Knochenmarks gepresst wird, ist vorläufig meine Ansicht.

Fall 1.

Nach Ablation des Oberschenkels wegen Trauma: Putridät und Eiterung des Stumpfes. Infectiöse Thrombose der vena cruralis, Muskelabscesse um dieselbe am Stumpf. Endocarditis verrucosa et ulcerosa micrococcea der Aortenklappen. Niereninfarkte und embolische Abscesse. Eitrige fibrinöse Pleuritis. Milztumor. Lungenödem. Mehrfache Kulturen mit Blut während des Lebens des Patienten.

Christoph Kannengiesser, 54jähriger Tagelöhner, war 23. X. 82, 9 Uhr Morgens mit dem rechten Bein in eine Dreschmaschine gerathen. Der Unter-

schenkel war unterhalb des Knies vollständig abgerissen. Patient war eine Zeit
lang bewusstlos, kam dann in die Klinik und wurde um 1 Uhr im unteren Theile
des Oberschenkels amputirt unter Blutleere. 24. X. wurde noch eine Fractur der
achten Rippe gefunden. 26. X. Verbandwechsel wegen hohen Fiebers; Wunde
sehr putrid. Nähte entfernt; Abspülung mit 5°/₀ Carbol. Trotzdem Abend-
temperatur 40,2.

Kulturversuch mit der stinkenden Absonderung des
Stumpfes beim Verbandwechsel. Das Fäulnissmicrobion, auf
das ich zuerst fahndete, war abgestorben; möglicherweise war
es bacill. saprog. I, welcher die Eigenschaft vorwiegend hat,
in stinkender Flüssigkeit bald abzusterben, soweit, dass er
wenigstens auf Agar nicht mehr zum Aufkeimen kommt. Es
keimte vielmehr eine ganze Anzahl von zum Theil mir fremden
Coccen, grau-gelb, orange, roth. Später tauchte die Frage
auf, ob Streptococcus vertreten sei? Es gelang ziemlich leicht,
durch differenzirende Kultur denselben zu züchten.

27 X. Verbandwechsel. Stumpf geruchlos, doch beständig hohe Temperatur. Puls 120—130. Delirien.

29. X. Verbandwechsel, stat. idem.

Kultur mit dem Blut des Patienten. Der Vorderarm
wird mit warmem Wasser und Seife gewaschen, mit 5°/o Karbol
abgespült, auf eine Karbolgaze-Unterlage gelegt, mit Sublimat
1 : 2000 abgespült; dann mit einfacher, im Dampftopf unmittelbar
vorher sterilisirter Gaze abgewischt und mit eben ausgekochtem
Wasser nochmals abgespült. Nun wird eine kleine Vene an-
gestochen, und nachdem etwas Blut abgeflossen, ein Impfstrich
und Impfstich in F. P. A. gemacht. Nur Letzterer ging spär-
lich an. Es keimte eine Reinzucht von Strept. pyog.

30. X. Abends sehr collabirt Abendtemp. 37.3.

31. X. Verbandwechsel. Wunde geruchlos, vollständig gut granulirend
mit wenig Sekret, Haut des Oberschenkels schrumpflich, Weichtheile abgeschwellt
— wie beim besten Verlauf und völligem Rückgang einer Entzündung. Zunge
dagegen ganz trocken und rissig Temp. wieder hoch.

2. XI. Nach wie vor hohe Temperatur. Schlechter Puls; Patient ganz ohne Bewusstsein.

Abends 10 Uhr Blutkulturen in oben beschriebener Weise auf 4 Röhrchen mit F. P. A. Bei Nr. 1 geht im Impfstiche Staphyl. pyog. aur. auf. In Röhrchen Nr. 2 keimt überall Streptococcus und nur in 2 Pünktchen der Staph. pyog. aur. Von hier aus wurden beide Coccen in vielen stets charakteristischen Kulturen auf F. P. A. fortgezüchtet. Im 3. Röhrchen keimte Strept. pyog. in 17 Pünktchen als Reinzucht. Im 4. Gläschen keimte dieser selbe Pilz im ganzen Impfstiche und am Impfstriche in 4 Pünktchen in Reinzucht.

3. XI. 82. Patient in Agone.

8 Stunden vor dem Tode wurden in angegebener Weise Blutkulturen in und auf sterilisirtem, erstarrtem Blutserum gemacht. In Röhrchen 1 waren Impfstrich und Impfstich gekeimt. Im Ersteren waren augenscheinlich 2 Organismen aufgegangen. Der grösste Theil war Kettencoccus; der andere dagegen Staphyl. pyog. aur. Beide wurden von hier in charakteristischen Formen auf F. P. A. weiter kultivirt. Im Impfstich, befand sich nur Streptococcus und ist auch von hier in viele Generationen weiter übertragen. In Röhrchen 2 keimte nur der Impfstich und zwar mit Streptococcus. Röhrchen 3, in welches kein Impfstich gemacht war, blieb steril.

3. XI. Abends 6 Uhr erfolgte der Tod. 4. XI, Mittags Section: Leiche in ziemlich hochgradiger Fäulniss. Die Amputationswunde enthält Jodoform, sieht rein aus, ist ohne Geruch. Beim Einschneiden finden sich indess die die vena cruralis umgebenden Muskeln von Eiter durchsetzt. Die vena cruralis ist von der Einmündungsstelle der vena saphena abwärts mit einem dicken Thrombus geschlossen, welcher weiter unten in eine puriforme Masse zerfallen ist. Die Venenwandungen sind verdickt, das Lumen nach unten zu verbreitert. Die rechte Pleura ist durch fibrinös-eitrige Belege verklebt. Fractur der 7. Rippe. Herzmuskel trüb-grauroth, äusserst mürbe und schlaff. Die Aortensegel sind an der Ventrikelfläche dicht mit lockeren Wucherungen bedeckt. Die gelbgraue zaserige

Oberfläche zeigt sich **mikroskopisch** aus Mikrococcen- (Kettencoccen-)Anhäufungen bestehend. **Eine kleinere ähnliche Auflagerung** ist auf der Mitralis. In diesen Auflagerungen **finden sich** übrigens auch längere Stäbchen. Die Lungen **sind in** den Unterlappen **blauroth**, von verändertem Luftgehalt und reichlich **ödematös.** Milz vergrössert, **von** blaurother Farbe, Pulpa völlig zerfliessend. **Nieren** vergrössert, die Kapsel leicht zu **entfernen.** Die Oberfläche derselben ist mit kleinen kreisrunden Blutergüssen gezeichnet, in deren Mitte oft **ein gelber** eitriger Punkt liegt. Einige grössere keilförmige Herde sind von einem hyperämischen Saum umgeben. Die hämorrhagischen Infarkte dringen **ebenfalls oberflächlich** in das Parenchym. **Die Bauchhöhle und die** übrigen **Organe zeigen** nichts Abnormes.

Der Befund **von** Bacillen am Endocard in der Leiche, welche sich leicht cultiviren liessen und von anderer Seite **als** nosogene Microbien aufgefasst wurden, zeigt wie vorsichtig man bei postmortalen Befunden und Kulturen sein **muss.** Denn dass diese Bacillen in Wirklichkeit nicht die nosogenen Microbien, sondern nur eine postmortale Erscheinung waren, ergibt sich doch wohl sicher genug aus den intra vitam mit allen Vorsichtsmassregeln gemachten Untersuchungen.

Resumiren wir diese, so resultirte also bei den zu 3 verschiedenen Zeiten in 8 Gläschen mit F. P. A. und erstarrtem Blutserum angestellten Blutkulturen in Impfstrichen und Impfstichen 7 mal eine Aufkeimung und zwar 6 mal des Streptococcus, 4 mal in Reinzucht und 2 mal zusammen mit dem Staph. p. aur., einmal des letzteren allein.

Um festzustellen, ob nun der in diesem Falle gefundene Kettencoccus identisch mit Strept. pyog. sei, oder ob er, wie ich damals hoffte, ein besonderer Coccus der menschlichen Pyämie sei, habe ich eine grosse Anzahl von Kulturen und Versuchen angestellt. Derselbe keimte meistens in kleinsten, getrennten, weiss-grau-gelben, transparenten Pünktchen, welche bis Sandkorngrösse wuchsen, dabei aber in der Peripherie terrassenförmig glatter wurden. Die letzten ganz durchsichtigen,

feinen Höfe zeigten häufig wieder einen etwas dickeren, gewellten Rand, der sich zuweilen noch mit Pünktchen umgab.
Nach etwa 2–3 Wochen sistirte meist das Wachsthum. Die
weiteren Kulturen fallen meistens etwas schmächtiger aus als
die Originalkulturen, bleiben sich dann aber durch alle Generationen gleich. Fig. V zeigt eine solche Kultur auf Agar in
auffallendem Lichte. Ich habe den Coccus von all' den gewonnenen Originalkulturen fortgezüchtet in mehr als 50 Röhrchen; ich habe ihn mit Strépt. pyog. aus verschiedensten Quellen,
aus Empyemen, Phlegmonen, gewöhnlichen Abscessen, progressiver Gangrän parallel gezüchtet, ohne einen Unterschied konstatiren zu können.

Thierversuche mit dem Kettencoccus von Kannengiesser.

Zwei Mäusen wurde in einen Einstich an der Schwanz-
wurzel durch mehrfaches Einführen eines mit der Kultur des
Kettencoccus beladenen Platindrahtes reichlich davon eingeimpft. Beide Mäuse blieben ohne alle Reaction gegen die
Impfung. Ich glaube diesen Misserfolg vielleicht auf das mir damals noch nicht so bekannte sehr rasche Veralten der Kulturen
zurückführen zu müssen. Ferner wurde von der fünften
Generation des Kettencoccus, welche in sterilisirtem, destillirten
Wasser aufgeschwemmt war, zweien Kaninchen in jedes Knie
0,5 CC. injicirt. 2 Tage später sind die Knie geschwollen,
schmerzhaft. Die Thiere magern in der Folge sehr ab. Nach
12 Tagen findet sich eins todt. Leider wurde es erst 30 Stunden nach dem Tode secirt. Beide Knie waren prall mit einem
Glaserkitt-ähnlichen dicken Eiter gefüllt, aus welchen 2 Mikrobien keimten, nämlich ausser dem Kettencoccus noch ein grau-
gelber, mir unbekannter Coccus. Die Oberschenkel-Innenfläche
ist geröthet, aber frei von Eiterung, die Inguinaldrüsen ge-

schwellt. **Der rechte Unterlappen der Lunge** ist verdichtet, grau-roth, **mit zahllosen,** stecknadelkopfgrossen, metastatischen Eiterpünktchen **durchsetzt. Sonst** sind nirgends **Metastasen.** Das andere **Thier war mittlerweile sehr mager** geworden, hat die Hinterbeine angezogen. **Die Knie sind in dicke,** fluctuirende Tumoren verwandelt. Da **das Thier sehr elend war, tödtete** ich dasselbe, um die Section **frisch machen zu können,** 4 Wochen nach der Injection. Beide Knie **waren enorm ausgedehnt von** dickflüssigem **Eiter (wie dünner Griesbrei aussehend). Ausser** hochgradiger Atrophie **fand ich sonst nichts.** Der sofort **auf** F. P. A. gestrichene **Eiter ergab** folgendes Kulturresultat. Im ersten **Röhrchen sind drei** Centren aufgegangen, im anderen **nur eins. Alle** 4 **stellten sie** Reinzuchten des zu **der Injection** verwendeten Kannengiesser-Kettencoccus dar und **zwar wieder in** der ursprünglichen, üppigeren Form, **wie sie auch aus dem** Blute Kannengiessers gekeimt waren. Durch viele Generationen weiter kultivirt, wurde auch hier die Identität mit Strept. pyog. konstatirt. Dieser **Versuch** beweist **also** einmal die Phlegmone- und Eitererregende Wirkung dieses Coccus auch beim Kaninchen, zeigt aber anderseits, dass seine Neigung **zu** weiterem Wachsthum bei diesen Thieren eine nur geringe ist. Von dem Eiter **selbst keimten** nur 3 Pünktchen, während aus dem Blut des Pat. einmal sogar 17 Pünktchen keimten. Auch war die Eiterung beim Kaninchen während der ganzen Zeit auf das Knie beschränkt geblieben, nicht **einmal** die **In-**guinalgegend **war** infiltrirt **und** alles Andere **intact. Die Ab-**magerung erklärt sich beim Vorhandensein verhältnissmässig so grosser Eiteransammlungen leicht, und ist wohl auf chronische Ptomaïneinwirkung zurückzuführen. Doch auch diesen Versuch trifft möglicher Weise der Vorwurf einer verhältnissmässigen Veraltung **der angewandten** Kulturen.

Fall 2.

Verletzung der Diploë durch Schlägerhieb. Stauung des eitrigen Sekretes durch sekundäre Nath. Kleine Herde in der Diploë, von welchen sich eine eitrige Trombophlebitis bis in den sinus transvers. fortsetzt; hier Vereiterung der Thromben und periphlebitische Abscedirung. Eitrige Metastasen in den Lungen mit eitriger Pleuritis. Darstellung des Mikroorganismus der Lungenmetastasen während des Lebens durch Kultur aus dem Pleuraexudat.

Stud. C. von Laffert, 20 Jahre, hatte vor 14 Tagen einen Schlägerhieb mit Knochenverletzung, jedenfalls nicht tiefer als durch die Tabula externa, links seitlich am Os parietale erhalten. Der Schmiss wurde genäht, platzte aber nach einigen Tagen, weil er anfing zu eitern, wieder auf, wurde dann durch tief greifende Nähte und schliesslich durch Haarzöpfe zu vereinigen gesucht (!) Stat. praes.: 21. II. 82.; Seit mehreren Tagen Fieber, dumpfes Gefühl im Kopf; heute kompleter Stat. typhos.: Benommenheit, ganz trockene Zunge. Milz etwas vergrössert. Auf der linken Scheitelbeingegend zeigt sich der Schmiss als 4 ctm. lange, sagittale Wunde mit schlaffen, weisslichen Rändern; Knochen im Grunde der Wunde frei liegend. Temp. Abends 40,6, Puls 120, voll. Sensorium frei. An der linken Seite des Halses eine Anzahl vergrösserter Drüsen, welche etwas druckempfindlich sind. Die betreffenden Hautparthieen sind etwas geröthet. Klagen über Schwere im Kopf, keine Kopfschmerzen. Alle Bewegungen zitternd. 22. II. 82. Befinden gebessert, Temp. normal, Zunge aber trocken. 27. II. 82. Pat. hatte wegen Fiebersteigerung in den letzten Tagen natr. salic. bekommen, welches die Temp. herunterdrückte. Abends kaum 38,0, Morgens darunter. Dumpfes Gefühl im Kopf, Nackensteifheit, Stirnkopfschmerz. Zunge trocken, kommt zitternd heraus. Appetit einigermassen. 28. II. 82. Seit gestern Klagen über Athembeschwerden; rechtseitiges pleuritisches Exudat. 2. III. 82. Exsudat rasch gestiegen, fast bis oben hin. Nackenschmerz auch beim Drehen des Kopfes nach links. Appetit gering, Durchfall. Schläft viel, stets hohes Fieber, verfällt zusehends. 6. III. 82. Da die Athembeschwerden sehr gross sind, Punktion der rechten Pleura, durch welche eine grosse Menge seröser Flüssigkeit mit weisslichen Flocken entleert wird. Wesentliche Erleichterung.

Die antiseptisch aufgefangene Flüssigkeit aus der Pleura wurde auf mehrere Gläschen mit F. P. G. ausgesäet. Ueberall ergab sich eine Reinkultur **in feinen, grauen Pünktchen eines Kettencoccus, — nämlich des Strept.** pyogen.

8. III. Exsudat **nicht wieder gestiegen, doch erschwerte Athmung.** Rassel-geräusche über **beiden** Lungen, Kopfwunde **inzwischen geheilt.** 9. III. 82. **Unter** Zunahme **der** Athembeschwerden **erfolgt der Tod.**

Section: Handbreit über **dem linken Ohr sieht man die Wunde fast** vernarbt, auch der Knochen **ist mit den Weichtheilen völlig zusammengeheilt** und zeigt den rinnenförmigen **Defect. Die Diploë ist ringsum** normal, **weiter** unten jedoch, wo der Sinus **transv. nach dem Felsenbein umbiegt,** wird ein gelblich-eitriger und daneben ein **noch grösserer, dunkelrother, mit** gelbem Rand um-gebener Herd **in ihr aufgefunden, und in** dem Sulcus **hinter** dem linken Felsen-bein eine fast **Rabenfederkiel-dicke mit** eitrig zerfallenem Thrombus gefüllte Vene, welche **aus der Diploë herauskommt.** Im linken **Sinus transv.,** da wo er am Felsenbein **herläuft, befindet sich eine dünne, gelbe, eitrige Masse, welche** an beiden **Seiten durch derberen Thrombus** abgeschlossen ist. Es **handelt sich** um einen **Thrombus,** dessen Enden noch consistent und röthlich-gelb, dessen Mitte aber zu einem dünnen, eiterigen Brei zerfallen ist. In dem Zusammen-**flusse** der Sinus ist wieder der ganze Inhalt des Gefässes dünn und eitrig. Beim Abziehen der Dura zeigt sich die Wand des linken Sinus, besonders an der Stelle, wo er eitrige Massen enthält, verdickt und getrübt, und **der darunter** liegende Knochen röthlich gefärbt. Vor dem Foramen jugulare liegt **zwischen** Dura und Knochen ein Eiterherd, der sich nach **dem Markkanal bis zur Gegend** des Atlanto-occip.-Gelenkes erstreckt. Vena jugul. oben voll flüssigen Blutes, unten leer. In beiden Pleuren reichlich trübe Flüssigkeit mit Eiterflocken ver-mischt. Eitriges Fibrinfädennetz auf der Lungenpleura. In den Lungen finden sich rechts in allen, links vorzugsweise im Unterlappen zahlreiche metastatische Infarkte. Sie bilden auf der Oberfläche gelblich-roth gefärbte Prominenzen, sind auf dem Durchschnitt keilförmig mit nach innen gelegener Spitze, an der bei mehreren dieser Infarkte ein mit eitrigem Thrombus gefülltes Gefäss gefunden wird. Ein Theil der Herde ist dunkelroth, aber umgeben von einem eitrigen Saume, an welchem mehrfach eine eitrige Schmelzung des Gewebes, und dadurch Sequestrirung des rothen Herdes entstanden ist. An anderen Heerden ist auch die rothe Masse **von** Eiter durchsetzt, auch wohl ganz zu einem röthlich-gelben Brei zerflossen. Die grösseren Pulmonaläste sind frei. In den Herzhöhlen speckige Gerinnsel. Herzfleisch bläulich; an den Papillarmuskeln beginnende Fettentartung. Endocard und Klappen, sowie auch der Herzbeutel ohne Ab-normität. In der Bauchhöhle etwas gelbe Flüssigkeit mit Fibrinflocken, Nieren

gross. Rinde blass und trübe. Milz mässig verzögert, weich. **Im oberen Theil des** Dünndarms starke Röthung **und Schwellung** der Schleimhaut.

Fall 3.

Primäre intensive Infection eines Oberschenkelamputationsstumpfes mit Kettencoccus. Infectiöse **Thrombophlebitis** *der Vena crur., saphena und hypogastr. mit eitriger Schmelzung der Thromben und Metastasen in Pleuren, Gelenken, Sehnenscheiden, Nieren.*

Georg Adler, **33 Jahre, aus** Sorga bei Hersfeld. **Bei dem tuberculos** belasteten Patienten war seit einem Jahre neben mehrfachen tuberculösen Affectionen am Hals und Händen die Gegend des Knies angeschwollen und bald aufgebrochen. **Letzteres** ist stark geschwollen und sondert Eiter aus mehreren Fisteln ab. **Da sich bei Incisionen in** das Gelenk **eine .enorme Ausbreitung der** Tuberculose, namentlich ein weit reichender Herd am äusseren Condylus femor. zeigt, wurde **31. V. 81 die Amputation mit vorderem Lappen** gemacht. 1. VI. 81 Wunde anscheinend aseptisch, **wenigstens geruchlos, doch wird ein** Theil des Lappens gangränös und mikroskopisch **findet sich nach Dr.** *Riedel's* Beobachtungen, dessen zahlreiche mikroskopische Präparate von diesem Falle glücklicher Weise aufgehoben sind, Kettencoccus in grosser Menge im Wundsecret. **3. VI. 81.** Nur das der Gangrän anliegende Rohr **hat einen kleinen Stich** von Fäulnissgeruch, die Uebrigen gar nicht, trotzdem mikroskopisch der Kettencoccus in ungeheuren Massen nachgewiesen wird. Temp. Abends **39,3.** 6. VI. **81.** Fieber hoch. Die ganze Wunde wird geöffnet. Sie ist geruchlos. Patient leicht icterisch, hat seit gestern Schwellung und Schmerzen im linken Fussgelenk, ebenso an der Sehnenscheide des ext. hall. long. dextr. 7. VI. 81 Incision in's Fussgelenk ergibt Eiter, welcher von Kettencoccus geradezu wimmelt. **8. VI. 81.** Verlauf immer ungünstiger. Patient complet pyämisch. Ohne dass weitere Erscheinungen eintreten, erfolgt 10. VI. **81 der** Tod. Section: Leichter Icterus der Haut, intensiver im Gesicht. **Linkes Sprunggelenk** enthält Eiter und ist drainirt. Dem Verlauf der Sehne des extens. polic. dextr. entsprechend besteht eine Anschwellung, aus der sich beim Einschneiden dünner **Eiter** entleert. In beiden Pleuren je ½ Liter gelb-röthliche Flüssigkeit mit Fibrinflocken. Lungengewebe blutreich, hinten hypostatisch mit eitrigem Pleurabelag am hinteren Rande, unter dem zahl**reiche,** ausgedehnte Blutungen sind. Herz schlaff. In den Vorhöfen neben **flüssigem** Blut Speckgerinnsel. Im Ventrikel derbes, gelb gefärbtes Gerinnsel, **Milz stark vergrössert; Gewebe hellroth,** weich, Nieren gross. Auf dem Durchschnitt ist die Zeichnung der Rinde undeutlich. In der Marksubstanz sieht man ausser Kalkinfarcten der Spitzen einzelne bis erbsengrosse, mit Eiter gefüllte Höhlen; **daneben zahlreiche in der** Richtung der Harnkanälchen verlaufende, gelbe Streifen. In der **Schleimhaut** der Nierenkelche finden sich punktförmige Hämorrhagieen; **im Magen sind** einzelne Schleimhauthämorrhagieen. Die Vena crur. an der **amputirten Seite ist unten leer,** oben mit schmutzig grau-gelber verflüssigter Thrombusmasse gefüllt; die innere Oberfläche der Vene ist uneben. Mikroskopisch zeigt sich eine starke, entzündliche Infiltration der adventitia und media. Die intima ist ungleichmässig **verdickt und auf der innersten Schichte** derselben liegen rundliche Anhäufungen von Kettencoccen. Vor dem Kreuzbein, dessen Knochen blossliegt, liegt eine wallnussgrosse **Eiterhöble, das Ende** eines Eitercanales, dessen **Lage der vena hypogastr. entspricht. Die** saphena enthält ebenfalls zerfallene **Thromben und in** den nach hinten ziehenden Oberschenkelvenen finden sich **frische** Thromben; auch in den Metastasen der Nieren findet sich der **Kettencoccus** massenhaft, wie auch **in** den anderen Eiterungen, welche untersucht **wurden.**

Fall 4.

Complicirte Fractur des Oberarms mit ausgedehnter Weichtheilsquetschung, primär inficirt. Trotz Ablation, Entwicklung von Metastasen in Lungen, Pleura, Herzbeutel, Nieren. Züchtung der Microbien der Lungenmetastasen durch Kultur aus dem Pleuraexsudat während **des Lebens.**

Carl Stoffregen, **26** Jahre **alt, hat vor 4 Tagen von einer** Strassenwalze eine schwere Quetschung des linken Armes erlitten, welche sofort von 2 Aerzten genäht, mit Jodoform bestreut und mit Jodoformgaze verbunden wurde. Stat. praes. 8. III. 83. Complicirte Fractur des humerus mit ausgedehnter Weichtheilsquetschung und Zerreissung etwa in der Mitte. Complicirte Fractur der ulna und des radius unmittelbar unter dem Ellbogengelenk. Wunden geruchlos, doch mit grau-gelblichem Belag, der sich auch überall in der Tiefe vorfindet. Nähte geöffnet, gründliche Desinfection, typischer Lister, Hochlagerung. 12. III. 83. Wegen starker Sekretion weitere Drainagirungen. 16. III. Abudante Eiterung, welche etwas riecht. Es zeigt sich, dass das Periost fast bis zum Schultergelenk abgerissen ist. Hohe Temperatur. Deshalb ablatio 17. III. dicht unter dem Schultergelenk, bei welcher verschiedene subkutane Abscesse, welche sich in die Achselhöhle erstrecken, eröffnet werden. Gründliche Desinfection. Stumpf nicht genäht; Lister. 19. III. Verbandwechsel, weil mässiges Fieber; Stumpf gut. 29. III. Rechtseitiges pleuritisches Exsudat bis zum Schulterblatt, Wunde gut. 3 IV.

Resection der 6. Rippe rechts. Es entleert sich Anfangs dünnflüssiges, dann dickflockiges **Exsudat**.

Die **Kultur** des Exsudats aus der Pleura auf F. P A. ergab eine Autkeimung des **Kettencoccus** in charakteristischer **Weise und** ursprünglich in überwiegender Menge, wenn auch später die Hauptsache aus Kulturen des rasch wachsenden gelben Traubencoccus bestand.

8. **IV.** Noch immer starke Absonderung aus der Pleura. Auswaschen mit Salicylwasser. Morgens **keine erhöhte** Temperatur, Abends 38—38,5. Profuse Durchfälle. 15. IV. **Stat. idem,** Puls sehr frequent, Kräfte verfallen. 17. IV. **Tod.** Section: **Stumpf zeigt nichts** Abnormes, Venen der Achselhöhle **ohne Thromben.** Rechte **Lunge lufthaltig,** die linke comprimirt, schlaff, fast luftleer Das interstitielle Gewebe ist schwartig verdickt. Im Lungengewebe finden sich kleinere Eiterhöhlen, in welche Fetzen des Lungengewebes hineinragen. Die **Pleuralfläche ist mit fribinös-eitrigen Pseudomembranen** belegt, welche indessen nach **oben in scharfer Linie an der Grenze der** Verklebung aufhören. Das in dieser Grenze abgesackte **Exsudat besteht in der** oberen Schichte aus reinem **Serum, in den tieferen ist reiner Eiter.** Im Herzbeutel **seröses** Exsudat. Herz **ohne** Veränderung; die linke Niere enthält **einen erbsengrossen** Eiterherd in der Rinde. Der Darm zeigt Schwellung, Röthung nnd Blutungen der Schleimhaut.

Fall 5.

Nach Operation eines Brustcarcinomrecidivs: Erysipel und Pyämie. Infectiöse Thrombose der vena brach., Embolieen der Lungenarterie, Infarcte und Abscesse der Lungen. Eitrige Pleuritis, eitrige Gonitis, fettige Degeneration des Herzmuskels, parenchymatöse Nephritis, Kultur des Microbion aus der Knie-metastase während des Lebens.

Marie Sattler, 44 Jahre. **16.** XI. 82. Exstirpation zweier Krebsknoten, welche als Recidiv nach Operation eines Brustcarcinoms aufgetreten waren und den Pectoralis durchwachsen hatten. 18. XI. **82.** Hohes Fieber. Beim Verbandwechsel wird ein Erysipel constatirt. Während sich dasselbe langsam auf den Rücken und die rechte Schulter, den rechten Oberarm verbreitet bei einer Körpertemperatur fast constant von 40°, entwickelt sich ausser allem Zusammenhang von dem Erysipel eine äusserst schmerzhafte Schwellung auf der Innenseite der rechten Fusssohle. 24. XI. Die Haut an genannter Stelle ist geröthet und geschwellt. Man könnte an ein Erysipelas erraticum denken. Die Wunden sehen sehr gut aus, sind der Verheilung nahe. Temperatur andauernd hoch. 26. XI. Die Schmerzhaftigkeit in der Fusssohle hat nachgelassen. Die Röthung und Schwellung besteht noch und **erstreckt sich** jetzt in einigen Streifen nach der **Ferse zu** und auf dem Fussrücken hin. Heute wird über **grosse Schmerzhaftigkeit in dem** mässig geschwollenen Kniegelenk **geklagt. 28. XI** Punktion des seit gestern prall gefüllten rechten Kniegelenkes, durch **welche anfangs klare,** später flockig-eitrige Flüssigkeit entleert wird. **Injection von ca 20 CC.** 5°/₀ Carbollösung. Patient fiebert andauernd hoch, **redet meist wirres Zeug, lässt unter sich** gehen Erysipel **jetzt am rechten Ellbogen sichtbar.**

Die mit **allen** antiseptischen Massregeln bei der ebenfalls unter **allen Kautelen vorgenommenen** Punction des Knies aufgefangene **Flüssigkeit** wurde mit **Impfstrich** und Impfstich in 6 F. P. A. Röhrchen kultivirt. **Die Kultur** ging überall **ganz gleichmässig an, und** zwar **überall in Reinzucht.** Es **handelte sich um** Strept. pyog. **Von einer** Kultur des Strept. **erysip. konnte ich** nirgends Spuren entdecken.

3. XII. **Bei** andauernd **hohem Fieber** trat **eine** wesentliche Veränderung des punktirten Gelenkes **nicht ein. Patient** hat sich seit heute Morgen sehr verändert, **ist bewusstlos, athmet sehr frequent.** Erysipel bis **zum** Handgelenk rechts heruntergegangen. **Deutliche Schwellung der** Kehlkopfsgegend Abends gegen 11 Uhr **Tod.**

Section: **Die rechte vena axill.** enthält ein **weiches missfarbenes Gerinnsel.** Herz weich, schlaff, **Herzfleisch mürbe, zeigt Verfettungen in gelben Streifen.** Uebrigens ist das Herz ziemlich faul, das Endocard blutig imbibirt. Die linke Lunge ist **in den** unteren hinteren Parthien hart, die Pleura des Oberlappens ist durch eitrig-fibrinöse Massen mit der Pleura costalis verklebt. Auf der Oberfläche des Oberlappens bemerkt man einen wallnussgrossen Herd von grauweissem Aussehen, welcher von seiner Umgebung durch einen schwefelgelben Saum abgegrenzt ist. Daneben noch mehrfache scharf circumscripte, fluctuirende Herde von gelbem Aussehen. Der grosse zeigt auf dem Durchschnitt eine graue zerfliessende Masse und springt eine Strecke in die Tiefe. Ein einführender grösserer Ast der Lungenarterie enthält einen von der nächsten höheren Theilungsstelle an adhärirenden, obturirenden Thrombus, welcher centralwärts consistent, peripher zerfliessend erscheint. Das Gewebe der Lunge ist mürbe, blutreich, oedematös. Auch die rechte Lungenpleura zeigt eitrige Auflagerungen, die Lunge

8*

ist ödematös, Milz wenig geschwollen, zerfliessend weich. Nieren gross, Rinde getrübt. Das rechte Kniegelenk enthält dicken Eiter. In diesem, an dem Venenthrombus, dem Embolus der Pulmonalis, den Lungenherden finden sich mikroscopisch manigfache Formen von Stäbchen und Coccen, vorwiegend letztere und zwar in Torulaform (Kettencoccus).

Fall 6.

Pannaritium am Mittelfinger, Phlegmone am Vorderarm, wahrscheinlich Lungenmetastasen, Metastase am Fussrücken, in der rechten Achsel, linken Oberschenkel, Glutaeen und Wadenmusculatur. Genesung. Kultur mit dem Eiter der Metastase am Fussrücken.

W. Holzkamp, 27 Jahre alt, Glasarbeiter. 21. V. 82. Seit 14 Tagen Entzündung am rechten Mittelfinger, angeblich spontan entstanden. Im Lauf der letzten Tage wurde auch die Hand und der Vorderarm dick und roth und Pat. hatte öfters Frost und Hitze. St. praes. Rechter Mittelfinger stark phlegmonös geschwollen und grossentheils geschwürig. Phlegmone des Handrückens und des Vorderarms. Temper. 38,9. Steile Lagerung. 27. III. Mehrere ausgiebige Incisionen am Handrücken und am dorsum und der vola des Vorderarms entleeren bröcklichen Eiter. Drainage. Suspension. 28. III. Abfall auf 37,5. Abends wieder hohe Temperatur. 30. III. Temperatur unregelmässig. Pat. hustet. Sputa sanguinolenta. Abscess am Fussrücken, welcher unter strengen Cautelen geöffnet und zur Kultur verwandt wird.

Diese auf mehrere Gläser mit F. P. A. ergab überall eine Reinzucht von Staphyl. aur. Auch bei weiteren Kulturen keimte gar Nichts, was irgendwie eine Beimischung von Streptococcus hätte vermuthen lassen. Auch microscopisch war derselbe nirgends nachzuweisen.

Im Grunde des Abscesses liegt eine Strecksehne nekrotisch vor. Arm und Hand abgeschwollen. 1. IV. Temperatur bald niedrig, bald hoch. Pat. sichtlich verfallen. Es werden am Arm wieder mehrere Incisionen wegen Eiterverhaltung nöthig. 4. IV. In der rechten Achsel und am linken Oberschenkel 2 Hautabscesse. Temperatur unregelmässig. 10. IV. Bei täglichem Verbinden müssen am Arm noch verschiedene Incisionen gemacht werden. Auch hat sich im Glutaeus maximus ein grosser Abscess gebildet. Temperatur abgefallen. 17. IV. Dauernd fieberfrei seit 7 Tagen. Arm und Hand stark abgeschwollen. 26. IV.

Es hat sich noch ein Abscess an der rechten Wade entwickelt. Incision Kein Fieber mehr. **Arm** im Vernarben. In der Folge ist Pat. völlig genesen entlassen.

Es wurde somit in 6 Fällen metastatischer Pyämie 5 mal der Strept. pyog. theils im Blut theils in Metastasen der Lebenden gefunden; zweimal zusammen mit Traubencoccus, aber diesen an Menge übertreffend. Darauf, dass der einzige **Fall, in** welchem nur Trauben-, nicht Kettencoccus vorhanden war, mit Genesung endete, soll selbstverständlich kein Gewicht gelegt werden. Dagegen halte ich das positive Resultat für wichtig und gravirend, dass gerade bei den 2 Fällen von **infectiöser Pyämie**, bei **denen sich einmal** von einem kleinen Schmiss am Kopf (Fall **Laffert**), das andere Mal bei alsbald durchaus gutem Wundverlauf einer einfachen Weichtheilswunde (Fall **Sattler) die** Pyämie unerbittlich entwickelte, **, aus** den Metastasen der Strept. p. in Reinzucht keimte.

Auch mit den Beobachtungen vieler früheren Forscher stimmt dies Resultat recht wohl und **zwar** gerade derjenigen — darauf ist besonders Gewicht zu legen — welche beim **Menschen** untersuchten. Wenn sie zum Theil **die Formen** nicht so genau oder etwas anders unterschieden, **so** lag **das** wohl **daran, dass** ihnen **Koch's** wichtigstes Unterscheidungsmittel **die** Kultur auf festen Nährböden, **noch nicht zu Gebote** stand.

XII. Fingererysipeloid (zoonotisches), Erysipelas chronicum, Erythema migrans

bezeichnet eine Krankheit **sui generis,** welche zwar sehr wenig Bedeutung **hat,** weil sie sehr unschuldig ist, aber doch Beachtung verdient, weil man sie im Anfang mit schwereren Infektionen verwechseln kann. Sie kommt vor bei Leuten, welche mit Thierstoffen **zu** thun haben, **also bei** Schlachtern, Gerbern,

Köchinnen, und zwar bei letzteren, wie mir scheinen wollte, vorwiegend, wenn sie Wild abzuziehen hatten. Von einer kleinen Verletzung (eine solche gehört nothwendig dazu) meist an den Fingern entsteht eine bläulich-braunrothe Infiltration, welche mit ganz scharfer Grenze genau wie das Erysipel fortschreitet. Die ergriffenen Parthien bleiben viele Tage geschwellt und roth,. jucken und brennen ziemlich, blassen aber schliesslich ab, während die Grenze fortschreitet. So kann sich die Affection von einer Fingerspitze den ganzen Finger entlang verbreiten, ja bis zum Carpus auf den Handrücken ziehen, auch wohl auf den nebenliegenden Finger rückwärts wandern. Im Allgemeinen ist jedoch die Affection nach 1 bis 2 Wochen auf dem Metacarpus beendet. Das Allgemeinbefinden ist dabei ungestört, Fieber besteht nicht. Sehr selten habe ich die Affection anderswo als an den Händen gesehen, nur einmal im Gesicht. Nachdem ich mir vergebens Mühe gegeben hatte, das ursächliche Microbion in der Gewebsflüssigkeit zu finden, gelang endlich eine Kultur in der Weise, wie sie Fehleisen bei dem wirklichen Erysipel machte. Auf F. P. A. wächst der Microbion in eigenthümlichen, sehr zarten und zierlichen Kulturen — so minim, dass ich dieselben in 3--4 facher Vergrösserung zeichnen lassen musste, um sie anschaulich zu machen. (Fig. XIV). Mikroskopisch besteht die Kultur aus nicht allzu kleinen aber recht unregelmässig gestalteten Coccen. (Fig. 14). Ich habe mir bei Beginn meines Ferienurlaubs 3 Impfstiche mit derselben am Oberarm gemacht. Um jeden derselben entwickelte sich mit Brennen und Jucken ein braunrother Hof, welcher 20-Pfennigstückgross wurde, dann aber abblasste und verschwand.

XIII. Leptothrix- (?) Invasion.

Helene Reiter, 22 Jahre, 20. V. 79. Patientin bekam Weihnachten plötzlich eine Schwellung in der Gegend der submaxillaren Speicheldrüse mit trismus spur. Jene ging bis auf einen gewissen Grad zurück. Vor 4 Wochen bemerkte Patientin, dass häufig etwas Eiter unter der Zunge (aus dem ductus der sub. max.) hervorkam. Die submaxillare Speicheldrüse war damals, als Patientin sich vor 4 Wochen zuerst hier vorstellte, geschwollen und nach hinten von derselben noch eine Lymphdrüse. Jetzt ist erstere weniger geschwollen, die letztere aber und die ganze Umgebung derselben in einem Zustande chronischer Phlegmone. In diese wird eine Incision gemacht und aus der Tiefe neben flüssigem Eiter eine eigenthümliche Masse entleert, welche aussieht wie grau-gelblicher Kalk-mörtel. Mikroskopisch untersucht bestand sie aus Leptothrix- (?) Wucherungen, deren Fäden in einer allerdings damals noch sehr unvollkommenen Kultur gewellt und stellenweise eigenthümlich verzweigt erscheinen. (Fig. 15.)

Ich lege auf diese Kultur wenig Werth; doch hat der Fall ein klinisches Interesse. Desshalb und weil er ein seltenes Vorkommniss ist, habe ich geglaubt, ihn anhängen zu dürfen.

Erklärung der Abbildungen.

Die Kulturen sind von H. Peters bei meist ca. 2maliger Loupenvergrösserung theils im reflectirten Licht gezeichnet, so dass der gelblich opake, ziemlich durchsichtige F. P. A. Nährboden, auf welchem sich die Kulturen befanden, auf einen dunklen Hintergrund gelegt wurde, oder aber im durchfallenden Licht, indem die Kulturen gegen den Himmel oder gegen eine helle Fläche betrachtet wurden.

Die mikroskopischen Abbildungen sind sämmtlich bei genau gleicher Vergrösserung von 962:1 so gezeichnet, dass das mit dem neuen Winkel'schen Zeichenapparat auf Papier projicirte Bild nachgezogen und ausgeführt wurde. Das Bild wurde entworfen durch Winkels Oelimmers Objectiv $^1/_{11}$ und Ocular IV.

Taf. I. Fig. I, II, III. Kulturen des goldgelben Traubencoccus (Staphyl. pyog. aur.) auf Fleischpeptonagar bei 2°, bis 2°, facher Vergrösserung im reflectirten Licht. Fig. I stammt von einem Lippenfurunkel (s. Adolf Wolfes) in zweiter Generation. Fig. II von einem Empyem (s. Carl Rotemberg) in zweiter Generation. Fig. III stellt eine in der Wärme sehr rasch gewachsene noch junge und daher an den Rändern weisslich-gelblich gefärbte Kultur von einem Osteomyelitis-Fall des Schenkelkopfs dar, bei welchen das Impfmaterial unmittelbar bei der Resektion aus dem Knochenmark mit dem Platindraht entnommen wurde.

Taf. II. Fig. IV. Kultur des weissen Traubencoccus staphylococcus pyog. alb. (s. Dorette Stümpfel) in üppigem Wachsthum. Vergrösserung 2°, reflect. Licht.

Fig. V. Kultur des Eiterkettencoccus (Streptococcus pyogenes, Microbe en chapelet) aus dem Blut des pyämisch erkrankten, später verstorbenen Patienten Kannengiesser. Vergrösserung 2°, reflect. Licht.

Fig. IX. Kultur von Strept. erysipel. Fehleisen. Impfstich in ganz wasserklarer F. P. G. gegen dunklen Hintergrund im reflect. Licht. (Sehr detaillirte Nachbildung!) Vergrösserung 2—2½ mal.

Taf. III. Fig. VI. Kultur des Eiterkettencoccus aus einer Drüsenphlegmone am Hals nach Scharlach in üppiger Kultur. Vergrösserung 2 mal; durchfallendes Licht.

Fig. VII. Ein Theil der vorigen Kultur des Eiterkettencoccus bei 20facher Vergrösserung, um die terrassenförmigen Abflachungen gegen den Rand zu zeigen. Durchfallendes Licht.

Fig. VIII. Kultur des Eiterkettencoccus aus progressiver Gangrän (s. Neuhaus). Vergrösserung 2 mal. Durchfallendes Licht.

Fig. X. Kultur von Strept. erysip. Fehleisen auf F. P. A. mit Impfstrich. Vergr. 2½. Durchfallendes Licht.

Fig. XIV. Kultur des Mikrococcus, welcher das Fingererysipeloid (Erysipeloid. digit. zoonoticum) bewirkt. 3 bis 4 fach vergrössert; bei durchfallendem Licht.

Taf. IV. **Fig. XI.** Kultur aus Empyem nach Thoraxschuss (s. Ahlborn). Aufkeimen von Staphylococcus albus, später von aureus und noch einem unbekannten ebenfalls gelben Coccus.

Fig. XII. Kultur des eigentlichen, gewöhnlichsten Fäulnissmikroorganismus (Bacillus saprogenes Nr. 1) auf F. P. A.

Fig. XIII. Kultur aus dem septischen Knochenherd einer complicirten Fractur bei allgemeiner Sepsis (s. Ebeling). Bacill. saprogen. Nr 3.

Taf. V. **Fig. 1 und 2.** Mikroskopische Bilder von Staphylococcus (aureus und albus, welche mikroskopisch nicht zu unterscheiden sind). Fig. 1 stellt junge 24stündige, Fig. 2 Monate alte Coccen dar.

Fig. 3. Mikroskop. Bild des Eiterkettencoccus.

Fig. 4. Mikroskopisches Bild von Strept. Erysip. Fehleisen von der Kultur in Gelatine.

Fig. 5. Mikroskop. Bild des Mikrococcus pyogenes tenuis von einem Empyem (s. Schütze).

Fig. 6. Mikroskop. Bild eines rasch aber mit wenig Fäulnissgeruch den Nährboden zersetzenden Bacillus. Zufällige Einsaat.

Fig. 7. Mikroskop. Bild des Bac. saprog. Nr. 1.

Fig. 8. Mikroskop. Bild des Bacill. von stinkendem Fussschweiss (s. Scheidemann). (Bacill. saprogen. Nr. 2.)

Fig. 9. Mikrosk. Bild von kleinen Coccen von einer Kultur der Zahnfäulniss.

Fig. 10. Mikrosk. Bild des Bacill. saprogen. Nr. 3.

Fig. 11. Bacillus aus einem putriden Knochenabscess bei allgemeiner Sepsis (s. Binnewiss).

Fig. 12. Bacillen bei brandigem, progressivem Emphysem aus dem Gewebe (s Franz Fust).

Fig. 13. Bacillen bei brandigem, progressivem Emphysem aus dem Gewebe (s. Melusine Lücke).

Fig. 14. Mikroskopisches Bild des Coccus, welcher das Finger-Erysipeloid bewirkt.

Fig. 15. Mikroorganismus von einer mörtelähnlichen breiigen Masse aus einem Abscess am Hals cultivirt. Leptothrix (?) (s. Helene Reiter.)

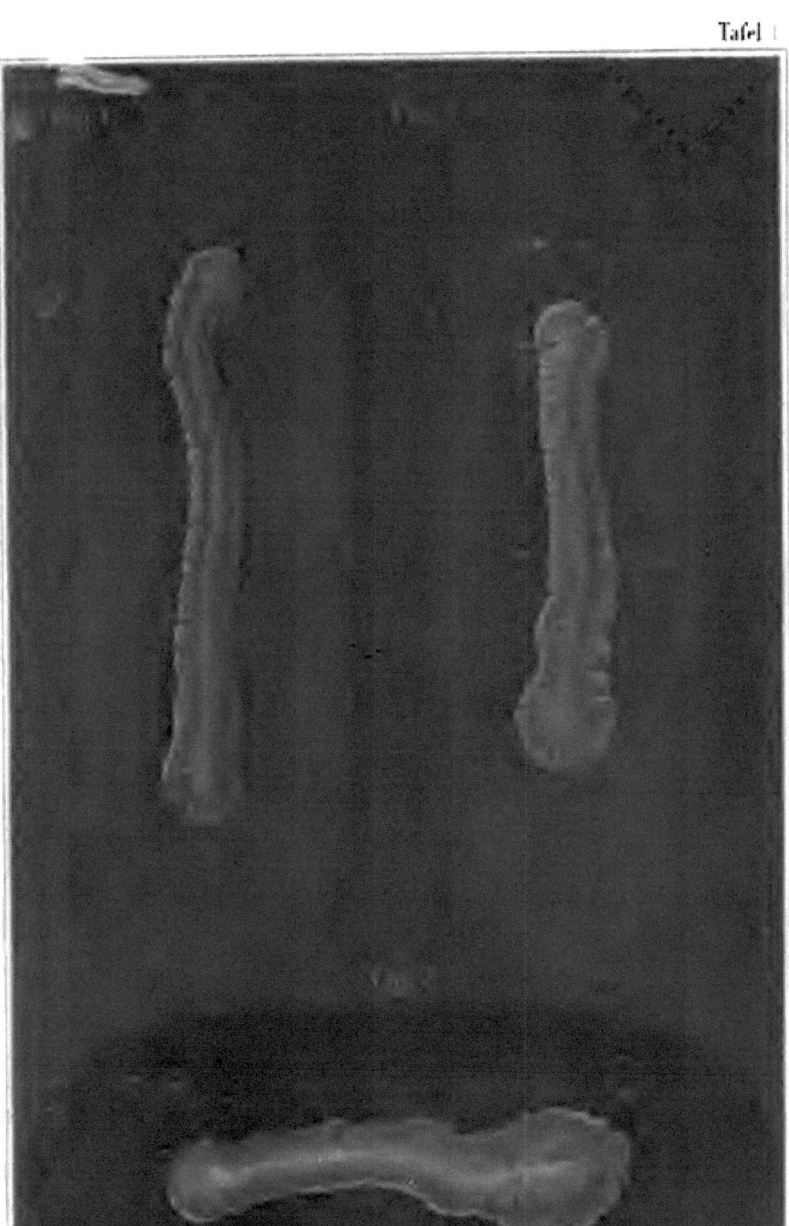

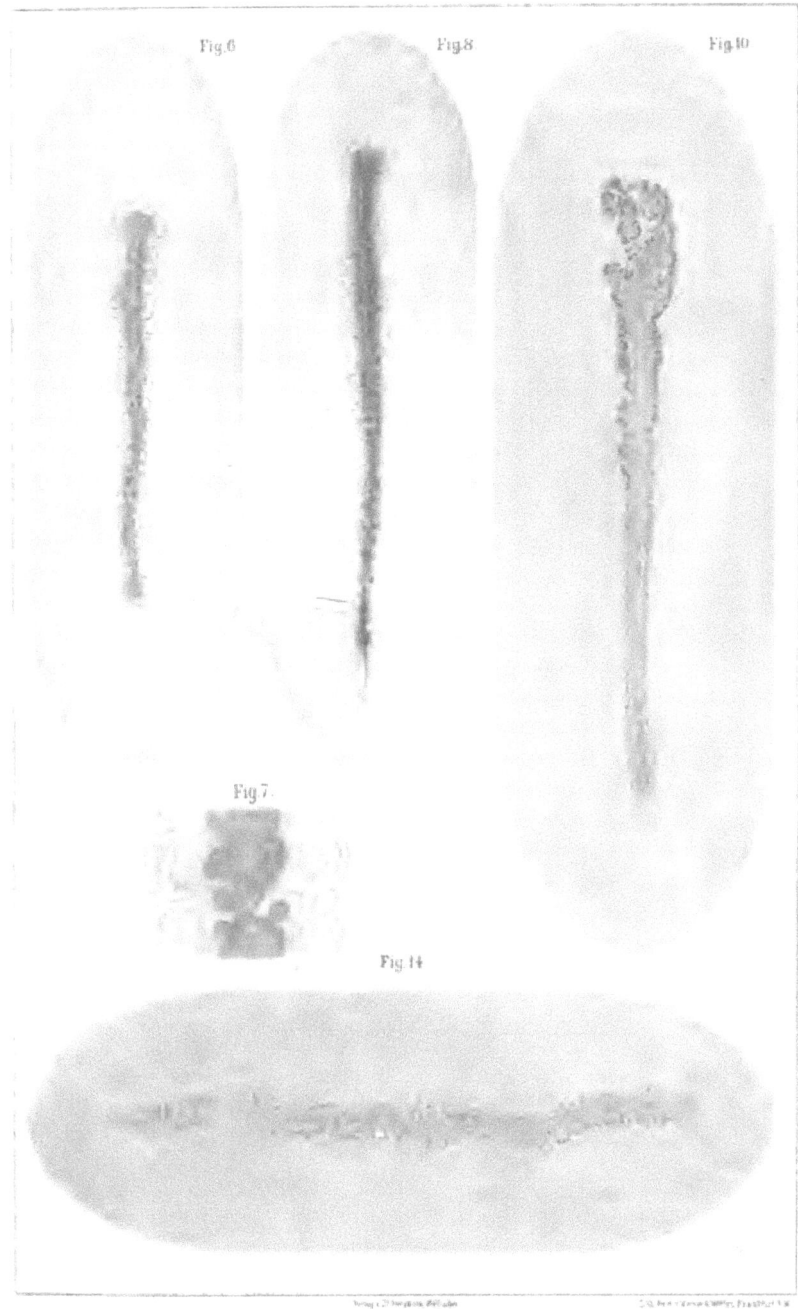

Fig.6

Fig.8

Fig.10

Fig.7.

Fig.14

F.J. Rosenbach, Mikroorganismen bei Wundinfectionskrankheiten des Menschen.

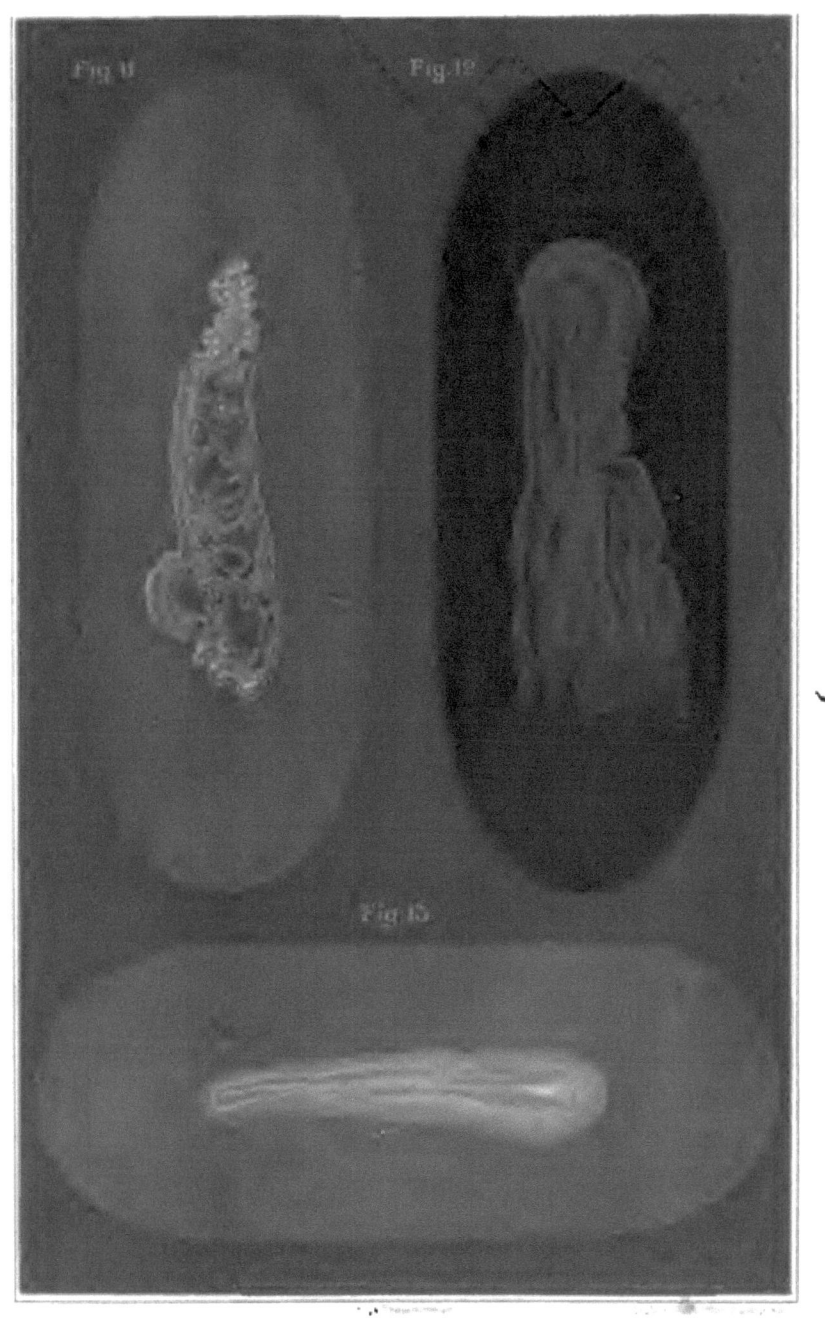

Fig.11   Fig.12

Fig.13

F.J.Rosenbach Mikroorganismen bei Wundinfectionskrankheiten des Menschen.

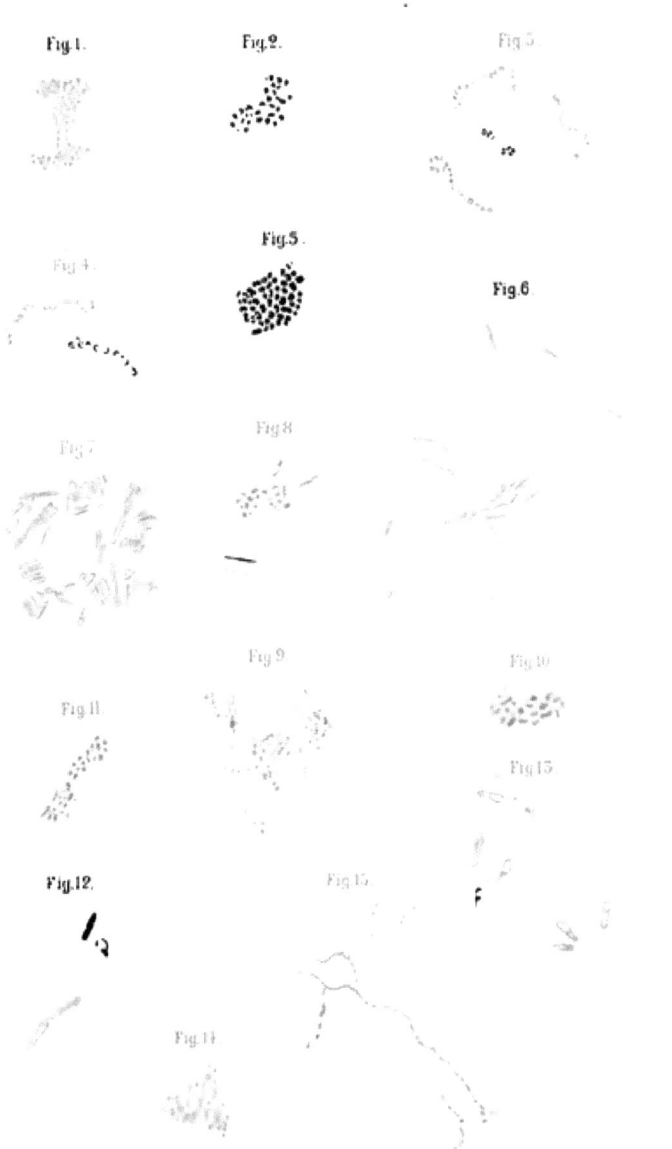

Fig.1.

Fig.2.

Fig.3

Fig.4.

Fig.5.

Fig.6

Fig.7

Fig.8

Fig.9.

Fig.10

Fig.11

Fig.13

Fig.12.

Fig.15

Fig.14